Oscar Bauer

Haftplichtgesetz und Unfallversicherung

Oscar Bauer

Haftplichtgesetz und Unfallversicherung

ISBN/EAN: 9783743487932

Hergestellt in Europa, USA, Kanada, Australien, Japan

Cover: Foto ©Suzi / pixelio.de

Manufactured and distributed by brebook publishing software (www.brebook.com)

Oscar Bauer

Haftplichtgesetz und Unfallversicherung

Haftpflichtgesetz

und

Unfallversicherung.

Inaugural-Dissertation

zur

Erlangung der juristischen Doctorwürde

der

juristischen Facultät der Georg-Augusts-Universität

zu Göttingen

vorgelegt von

Oscar Bauer,
Gerichtsassessor a. D.

—

Göttingen 1892.

Druck der Dieterich'schen Univ.-Buchdruckerei

(W. Fr. Kästner).

Inhaltsverzeichniss.

§ 1. Einleitung 1
§ 2. **Erster Abschnitt**: Inhalt des Anspruchs nach beiden Gesetzgebungen 4
Zweiter Abschnitt: Anwendung des Haftpflichtgesetzes wegen Nichtvorhandenseins einer Unfallfürsorge 12
§ 3. 1. Die Grenzen beider Gesetzgebungen in Bezug auf die gewerblichen Betriebe 12
§ 4. 2. Die Grenzen beider Gesetzgebungen in Bezug auf die gegeschützten Personen 17
§ 5. 3. Die Grenzen beider Gesetzgebungen in Bezug auf die leistungspflichtigen Personen 26
§ 6. 4. Der Betriebsunfall im Sinne beider Gesetzgebungen . . . 40
§ 7. **Dritter Abschnitt**: Anwendung des Haftpflichtgesetzes neben der Unfallfürsorge 46
§ 8. Resultate 54

Einleitung.

§ 1.

Gegenüber dem individualistischen Standpunkte des Römischen Rechts, welches regelmässig nur da eine Ersatzpflicht für die Schädigung Anderer anerkennt, wo sich eine schuldhafte Handlung oder Unterlassung bestimmter Individuen nachweisen lässt, bringt das moderne Recht mehr und mehr den Gedanken einer socialen Verantwortlichkeit zur Geltung, einer Verantwortlichkeit, welche unmittelbar der bevorzugten gesellschaftlichen Stellung ihres Trägers entspringt.

Die erste Etappe auf diesem neuen Wege, welchen unser Privatrecht einzuschlagen begonnen hat, lässt sich als das Prinzip der gewerblichen Verantwortlichkeit bezeichnen. Die Gesellschaft gestattet dem Einzelnen, sich die ökonomischen Vortheile eines gefährlichen Gewerbebetriebes zu Nutze zu machen, sie bürdet ihm aber dafür auch die Verantwortlichkeit für die schädigenden Folgen desselben auf, bis jetzt freilich nur insoweit, als er bei Körperverletzungen oder Tödtungen, welche durch den Gewerbebetrieb veranlasst worden sind, dem Verletzten oder dessen Angehörigen zu einem Schadensersatze verpflichtet wird.

In Deutschland geschah dies zuerst durch das Reichshaftpflichtgesetz vom 7. Juni 1871. Dasselbe erkennt die Haftung des Eisenbahnbetriebsunternehmers schlechthin als eine obligatio ex lege für Tödtungen und Körperverletzungen beim Eisenbahnbetriebe an, sofern der Betriebsunternehmer nicht beweist, dass der Unfall durch höhere Gewalt oder eigenes Verschulden des Getödteten herbeigeführt ist. Ferner lässt das Gesetz denjenigen, der ein Bergwerk, einen Steinbruch, eine Gräberei oder eine Fabrik betreibt, für fremde culpa in der Weise eintreten, dass er, wenn ein Bevollmächtigter oder ein Repräsentant, oder eine zur Leitung oder Beaufsichtigung des Betriebes oder der Arbeiter angenommene Person durch ein Verschulden in Ausführung der Dienstverrichtungen den Tod oder die Körperverletzung eines Menschen herbeigeführt hat, für den dadurch entstandenen Schaden einzustehen hat.

Eine weitere Etappe auf diesem neuen Wege bildete sodann die sog. sozialpolitische Gesetzgebung, insbesondere das Unfallversicherungsgesetz vom 6. Juli 1884, das Ausdehnungsgesetz vom 28. Mai 1885 und das Reichsgesetz vom 15. März 1886 betreffend die Fürsorge für Beamte und Personen des Soldatenstandes.

Damit war der Grundsatz des civilrechtlichen Schadensersatzes aufgegeben und der Weg der öffentlichrechtlichen Versicherung betreten.

Das H.G. ist aber durch diese Gesetzgebung nicht vollständig beseitigt, sondern nur insofern modifizirt, als ein grosses Anwendungsgebiet, beruhend auf dem Verhältniss des Betriebsunternehmers zu seinen Arbeitern, unter eine besondere Unfallfürsorge gestellt ist, neben welcher regelmässig eine Haftpflichtentschädigung nicht gewährt wird.

Das Verhältniss beider Gesetzgebungen charakterisirt sich in folgenden Sätzen:

I. Wo staatliche Fürsorge gewährt wird, bestehen regelmässig weitergehende Ansprüche nicht.

II. Greift die staatliche Fürsorge nicht ein, dann kommt das H.G. in vollem Umfange zur Geltung. Dies gilt ohne Ausnahme.

III. Dagegen giebt es von der Regel ad I Ausnahmen, in denen das H.G. trotz Vorhandenseins der Unfallfürsorge anzuwenden ist.

Es sollen deshalb die Grenzen des H.G. und der Unfallfürsorge und im Anschluss daran die etwa weitergehenden, günstigeren Voraussetzungen des H.G. im zweiten Abschnitt, die Ausnahmen von der Regel, dass neben der Unfallfürsorge weitergehende Ansprüche nicht existiren, im dritten Abschnitt behandelt werden, vorher aber soll im ersten Abschnitt der Inhalt des Anspruchs nach beiden Gesetzgebungen zur Darstellung kommen.

Erster Abschnitt.

§ 2.
Inhalt des Anspruchs nach beiden Gesetzgebungen.

A. *Anspruch nach dem Reichshaftpflichtgesetze.*

Schadensersatzberechtigt sind

1. im Falle der Tödtung:

a) die Erben hinsichtlich der Kosten einer versuchten Heilung und der Beerdigung, sowie des Nachtheils, welchen der Getödtete während der Krankheit durch Erwerbsunfähigkeit oder verminderte Erwerbsfähigkeit erlitten hat;

b) gesetzlich alimentationsberechtigte Personen, denen der Getödtete zur Zeit seines Todes vermöge Gesetzes verpflichtet war Unterhalt zu gewähren, insoweit als ihnen in Folge des Todesfalls der Unterhalt entzogen worden ist.

2. Im Falle der Körperverletzung:

Der Verletzte hinsichtlich der Heilungskosten und des Vermögensnachtheiles, welchen er durch eine in Folge der Verletzung eingetretene zeitweise oder dauernde Erwerbsunfähigkeit oder Verminderung der Erwerbsfähigkeit erleidet.

Der Anspruch auf Schadensersatz, welcher in 2 Jahren vom Tage des Unfalls bezw. gegen denjenigen, welchem der Getödtete Unterhalt zu gewähren hat, vom Todestage an verjährt, soll, soweit es sich um Ersatz für den zukünftigen Unterhalt oder Erwerb handelt, in der Regel als Rente realisirt werden, es müsste denn sein, dass beide Theile über die Abfindung in Kapital einverstanden wären. Was die Höhe der Rente der alimentationsberechtigten Personen anlangt, so wird einerseits die Bedürftigkeit der Berechtigten, andererseits aber auch die Leistungsfähigkeit des Getödteten in Betracht zu ziehen sein. Die Dauer dieser Rente bestimmt sich nach der Dauer der Alimentationsberechtigung und nach der muthmasslichen Lebensdauer des Getödteten. § 7 des H.G. trifft noch die Bestimmung, dass der Verpflichtete jederzeit die Aufhebung oder Minderung der Rente fordern kann, wenn diejenigen Verhältnisse, welche die Zuerkennung oder Höhe der Rente bedingt hatten, inzwischen wesentlich verändert sind.

Ebenso kann der Verletzte, dafern er den Anspruch auf Schadensersatz innerhalb der Verjährungsfrist von 2 Jahren seit dem Unfalle geltend gemacht hat, jederzeit die Erhöhung oder Wiedergewährung der Rente fordern, wenn die Verhältnisse, welche für die Feststellung, Minderung oder Aufhebung der Rente massgebend waren, wesentlich verändert sind.

Diese Bestimmungen finden aber nur Anwendung, wenn dem Beschädigten als Schadensersatz eine Rente durch richterliches Urtheil zuerkannt worden ist, sie beziehen sich nicht auf die Regelung der Entschädigung durch Vertrag zwischen Unternehmer und Verunglückten [1]).

Auch kann der Berechtigte bei inzwischen schlechter gewordener Vermögenslage des Verpflichteten nachträglich die Bestellung einer Sicherheit oder Erhöhung derselben fordern. (§ 7 Absatz 3 l. c.)

Verträge der Betriebsunternehmer mittelst Reglements

---

1) Vgl. R.G.E. Bd. 23 S. 38.

oder durch Uebereinkunft¹) im Voraus abgeschlossen, um die Schadensersatzverbindlichkeit des Haftpflichtgesetzes zu ihrem Vortheil aufzuheben oder abzuschwächen, haben keine rechtliche Wirkung²). (§ 5 l. c.)

Nur wenn der Getödtete oder Verletzte bei einer Versicherungs-Anstalt, Knappschafts-, Unterstützungs-, Kranken- oder ähnlichen Kasse gegen den Unfall versichert ist, der Betriebsnunternehmer Prämien oder andere Beiträge mitgeleistet hat und diese Mitleistung nicht unter einem Drittel der Gesammtleistung beträgt, ist die Leistung der betreffenden Versicherungsanstalt oder Kasse an den Ersatzberechtigten auf die Entschädigung einzurechnen.

Nur wenn die Beiträge des Unternehmers den dritten Theil der Gesammtleistung erreichen, findet Anrechnung statt; sind die Beiträge des Unternehmers geringer, so findet keine, auch nicht einmal eine theilweise Anrechnung statt ⁸).

Nach § 9 bleiben die Bestimmungen der Landesgesetze, nach welchen ausser den im Haftpflichtgesetz vorgesehenen Fällen der Unternehmer einer in den § 1 und 2 bezeichneten Anlagen oder eine andere Person insbesondere wegen eines eigenen Verschuldens für den bei dem Betriebe der Anlage durch Tödtung oder Körperverletzung eines Menschen entstandenen Schadens haftet, unberührt.

Doch sollen die oben aufgeführten Vorschriften mit Ausnahme des § 5 über die Unwirksamkeit von vor Eintritt des Unfalls die Haftbarkeit ausschliessenden oder beschränkenden Verträgen auch in diesen Fällen Anwen-

---

1) Die Vorschrift bezieht sich auf die Verträge der Unternehmer mit dem Publicum oder den Bediensteten vor Eintritt eines Unfalls. R.G.E. Bd. 23 S. 41.
2) Sind absolut nichtig.
3) R.O.H.G. Bd. 22 S. 259.

dung finden, jedoch unbeschadet derjenigen Bestimmungen der Landesgesetze, welche dem Beschädigten einen höheren Ersatzanspruch gewähren.

Nach dem Wortlaute des § 9 dürfte es keinem Zweifel unterliegen, dass seine Anwendung beschränkt ist auf Unfälle bei dem Betriebe von Anlagen, wie sie in §§ 1 und 2 des Haftpflichtgesetzes bezeichnet sind [1]).

B. Umfang der Unfall-Fürsorge.

I. Im Falle der Körperverletzung besteht der Schadensersatz:

1) in den Kosten des Heilverfahrens, welche vom Beginn der 14. Woche nach Eintritt des Unfalls an bezw. nach Wegfall des Diensteinkommens entstehen [2]).

2) in einer dem Verletzten vom Beginne der 14. Woche nach Eintritt des Unfalls an bezw. nach Wegfall des Diensteinkommens für die Dauer der Erwerbsunfähigkeit zu gewährenden Rente bezw. Pension, welche nach dem Jahresarbeitsverdienst bezw. nach dem jährlichen Diensteinkommen berechnet wird.

Sie beträgt:

a) im Falle völliger Erwerbsunfähigkeit für die Dauer derselben $66^2/_3 \%$ des Jahresarbeitsverdienstes bezw. des jährlichen Diensteinkommens [3]);

---

1) Jurist. Wochenschrift 1885 S. 73.

2) Unf.-Ges. § 5, Beamt.-Unf.-Ges. § 1.

3) Das Diensteinkommen muss aber zum mindesten den von der höheren Verwaltungsbehörde nach Anhörung der Gemeindebehörde für Erwachsene festgesetzten ortsüblichen Tagelohn gewöhnlicher Tagesarbeiter (§ 8 des Krankenversicherungsgesetzes) und bei den nicht mit Pensionsberechtigung angestellten Beamten das niedrigste Diensteinkommen derjenigen Stellen, in welchen solche Beamte nach den bestehenden Grundsätzen zuerst mit Pensionsberechtigung angestellt werden können, erreichen. § 3 B.U.G. Für Berechnung des Jahresarbeitsverdienstes vgl. A.N. des R.V.A. 1886 S. 274 (Z. 229).

b) im Falle theilweiser Erwerbsunfähigkeit für die Dauer derselben einen Bruchtheil unter a, welcher nach dem Masse der verbliebenen Erwerbsunfähigkeit zu berechnen ist [1]). Nach dem Unfallversicherungsgesetz kann an Stelle dieser Leistungen bis zum beendigten Heilverfahren freie Kur und Verpflegung in einem Krankenhause gewährt werden, und zwar für Verunglückte, welche verheirathet sind oder bei einem Mitgliede ihrer Familie wohnen, mit ihrer Zustimmung oder unabhängig von derselben, wenn die Art der Verletzung Anforderungen an die Behandlung oder Verpflegung stellt, denen in der Familie nicht genügt werden kann; für sonstige Verunglückte in allen Fällen[2]). Für die Zeit der Verpflegung des Verunglückten in dem Krankenhause erhalten die Angehörigen dieselbe Rente, die ihnen im Falle des Todes des Verletzten zustehen würde.

Vor Wegfall des Diensteinkommens gewährt das Beamtenunfallgesetz eine Entschädigung auch für das Heilverfahren nicht.

Gehört der verletzte Beamte auf Grund gesetzlicher oder statuarischer Verpflichtung einer Krankenkasse oder der Gemeindekrankenversicherung an, so wird bis zum Ablauf der dreizehnten Woche nach dem Eintritt des Unfalls die Pension und der Ersatz der Kosten des Heilverfahrens um den Betrag der von der Krankenkasse oder Gemeindekrankenversicherung geleisteten Krankenunterstützung gekürzt[3]).

Was die Zeit vor Beginn der Fürsorge des Unfallgesetzes (14. Woche nach Eintritt des Unfalls) anlangt, so ist zu unterscheiden, ob die unfallfürsorgeberechtigte

---

1) Vgl. A.N. des R.V.A. 1886 S. 229 (Z. 205).
2) Vgl. A.N. des R.V.A. 1891 S. 210 (Z. 966).
3) B.U.G. § 4 Abs. 2.

Person in Gemässheit des Krankenversicherungsgesetzes versichert ist oder nicht.

Im ersteren Falle hat die betreffende Krankenkasse der der Verletzte angehört, bezw. die Gemeinde, im Falle die Gemeindekrankenversicherung in Frage kommt, die Kosten des Heilverfahrens sowie die Entschädigung im Falle der Erwerbsunfähigkeit zu tragen [1]). Im letzteren Falle hat die sonst der Krankenkasse obliegenden Unterstützungen der Betriebsunternehmer aus eigenen Mitteln zu leisten.

Vom Beginn der fünften Woche an nach Eintritt des Unfalls bis zum Ablauf der 13. Woche ist das Krankengeld auf mindestens $^2/_3$ des zu Grunde gelegten Arbeitslohnes zu bemessen.

Die Differenz zwischen diesen zwei Dritteln und dem gesetzlich oder statutengemäss zu gewährenden niedrigeren Krankengeld ist der betheiligten Krankenkasse (Gemeinde-Krankenversicherung) von dem Unternehmer desjenigen Betriebes zu erstatten, in dem der Unfall sich ereignet hat.

II. Im Fall der Tödtung ist als Schadensersatz ausserdem zu leisten:

1) als Ersatz der Beerdigungskosten das Zwanzigfache des ermittelten Tagesarbeitsverdienstes bezw. ein monatliches Einkommen, sei es Diensteinkommen oder Pension, jedoch mindestens 30 Mk. [2]).

---

[1] Krankengeld in Höhe der Hälfte des ortsüblichen Tagelohnes gewöhnlicher Tagearbeiter und zwar vom 3. Tag nach der Erkrankung ab. §§ 6, 20, 64, 72, 73, 74 Ges. betr. die Krankenversicherung der Arbeiter v. 15. 6. 1883.

[2] Nach § 6 Unf. Ges. Nach § 2 Beamt. Unf. Ges. als Sterbegeld, sofern den Hinterbliebenen nicht nach anderweiter Bestimmung Anspruch auf Gnadenquartal oder Gnadenmonat zusteht, der Betrag des einmonatlichen Diensteinkommens bezw. der einmonatlichen Pension des Verstorbenen, jedoch mindestens 30 Mk.

2) eine den Hinterbliebenen des Getödteten vom Todestage an bezw. nach B.U.G. mit dem Ablauf des Gnadenquartals oder Gnadenmonats oder soweit solche nicht gewährt werden, mit dem auf den Todestag des Verunglückten folgenden Tage zu gewährende Rente [1]).

Dieselbe beträgt a. nach Unfallversicherungsgesetz:

α. für die Wittwe [2]) des Getödteten bis zu deren Tode oder Wiederverheirathung zwanzig Prozent, für jedes hinterbliebene vaterlose Kind bis zu dessen zurückgelegtem fünfzehnten Lebensjahr fünfzehn Prozent und, wenn das Kind auch mutterlos ist oder wird, zwanzig Prozent des Arbeitsverdienstes.

β. für Aszendenten des Verstorbenen, wenn dieser ihr einziger Ernährer war, für die Zeit bis zu ihrem Tode oder bis zum Wegfall der Bedürftigkeit zwanzig Prozent des Arbeitsverdienstes [3]).

b. nach Beamtenunfallgesetz:

α. für die Wittwe bis zu deren Tode oder Wiederverheirathung zwanzig Prozent des jährlichen Diensteinkommens des Verstorbenen, jedoch nicht unter 160 Mk. und nicht mehr als 1600 Mark;

β. für jedes Kind bis zur Vollendung des achtzehnten Lebensjahres oder bis zur etwaigen früheren Verheirathung, sofern die Mutter lebt, fünfundsiebenzig Prozent der Wittwenrente, und sofern die Mutter nicht lebt, die volle Wittwenrente;

γ. für Aszendenten des Verstorbenen, wenn dieser ihr einziger Ernährer war, für die Zeit bis zu ihrem Tode

---

1) § 6 Unf.-Ges., § 2 Beamtenunfallgesetz.
2) „Nicht der Wittwer". Vgl. A.N. des R.V.A. 1889 S. 154 (Z. 666).
3) A.N. des R.V.A. 1891 S. 209 (Z. 964 und 965).

oder bis zum Wegfall der Bedürftigkeit zwanzig Prozent des Diensteinkommens des Verstorbenen, jedoch nicht unter 160 Mark und nicht mehr als 1600 Mark.

Die Renten der Wittwe und der Kinder dürfen zusammen sechzig Prozent des Arbeitsverdienstes bezw. Diensteinkommens nicht übersteigen; ergiebt sich ein höherer Betrag, so werden die einzelnen Renten in gleichem Verhältnisse gekürzt[1]).

Sind mehrere Aszendenten vorhanden, so wird die Rente den Eltern vor den Grosseltern gewährt.

Konkurriren Aszendenten mit der Wittwe und den Kindern des Getödteten, so haben die ersteren einen Anspruch nur, soweit für die letzteren der Höchstbetrag der Rente nicht in Anspruch genommen wird[2]).

Der Anspruch der Wittwe ist ausgeschlossen, wenn die Ehe erst nach dem Unfalle geschlossen worden ist.

Im Falle der Wiederverheirathung weichen die Bestimmungen des Unfallversicherungsgesetzes von denen des Beamtenunfallgesetzes ab.

Nach dem ersteren erhält sie den dreifachen Betrag ihrer Jahresrente als Abfindung[3]), nach dem letzteren, da eine derartige Bestimmung nicht getroffen ist, vielmehr die Vorschriften über die Fürsorge für die Wittwen und Waisen der Reichsbeamten der Civilverwaltung Anwendung zu finden haben, erlischt ihr Anspruch mit dem Ablauf des Monats, in welchem sie sich verheirathet[4]).

---

1) Vgl. A.N. des R.V.A. 1889 S. 162 (Z. 674).
2) Vgl. A.N. des R.V.A. 1886 S. 56 (Z. 141).
3) A.N. des R.V.A. 1888 S. 301 (Z. 586): „Bei mehr als zwei rentenberechtigten Kindern das dreifache von 15 Prozent des Arbeitsverdienstes, der thatsächlich bezogenen Rente."
4) § 8 des Beamtenunfallgesetzes und § 18 des Ges. betr. Fürsorge für die Wittwen und Waisen der Reichsbeamten der Civilverwaltung v. 20. 4. 1881.

Zweiter Abschnitt.

Anwendung des Haftpflichtgesetzes wegen Nichtvorhandenseins einer Unfallfürsorge.

§ 3.

1. Die Grenzen beider Gesetzgebungen in Bezug auf die gewerblichen Betriebe.

A. Haftpflichtgesetz.

Haftpflichtige Betriebe sind einmal die Eisenbahnbetriebe (§ 1 H. G.), sodann die Betriebe der Bergwerke, Steinbrüche, Gräbereien und Fabriken (§ 2 H. G.).

1) Das Gesetz enthält keine Definition des Begriffes „Eisenbahn" [1]).

---

1) Eine erschöpfende Definition giebt R.G.E. (Bd. 1 Nr. 91): „Ein Unternehmen, gerichtet auf wiederholte Fortbewegung von Personen oder Sachen über nicht ganz unbedeutende Raumstrecken auf metallener Grundlage, welche durch ihre Consistenz, Construktion und Glätte den Transport grosser Gewichtsmassen, bezw. die Erzielung einer verhältnissmässig bedeutenden Schnelligkeit der Transportbewegung zu ermöglichen bestimmt ist und durch diese Eigenart in Verbindung mit den ausserdem zur Transportbewegung benutzten Naturkräften (Dampf, Elektrizität, thierischen oder menschlichen Muskelthätigkeit, bei geneigter Ebene der Bahn schon der eigenen Schwere

Unter Eisenbahnen hat man im Allgemeinen nur solche zu verstehen, die zur Beförderung von Personen oder Sachen dienen. Nicht ist erforderlich, dass die Eisenbahnen zu den allgemeinen Verkehrsanstalten gehören, dass sie zum gewerblichen Transport von Gütern oder Personen dienende öflentliche Verkehrsanstalten sind.

§ 1 findet auch Anwendung auf Bahnen, welche nur zu vorübergehenden Zwecken angelegt sind, oder ausschliesslich den Bedürfnissen des Unternehmers dienen. Das entscheidende Merkmal ist allein darin zu finden, ob die Bahn in Ansehung der Gefährlichkeit des Betriebes den zum allgemeinen Verkehr bestimmten Eisenbahnen gleichgeachtet werden kann [1]).

2) Unter Bergwerken sind alle Bergwerke ohne Ausnahme zu begreifen; nicht allein solche, welche kraft des Bergregals oder Berghoheitsrechts beliehen sind, sondern auch diejenigen, bei welchen das Recht zum Betriebe sich aus dem Grundeigenthum ableitet.

3) Steinbrüche und Gräbereien, worunter man Mergel-, Kies-, Sand-, Thon-, Lehm- und ähnliche Gruben zu verstehen hat, sind deshalb besonders aufgeführt, weil es zweifelhaft sein könnte, ob dieselben unter die Bezeichnung „Bergwerke" zu subsumiren seien [2]).

4) Eine Definition des Begriffs „Fabrik" hat der Gesetzgeber nicht gegeben.

---

der Transportgefässe und der Ladung u. s. f.) bei dem Betriebe des Unternehmens auf derselben eine verhältnissmässig gewaltige (je nach den Umständen nur in bezweckter Weise nützliche oder auch Menschenleben vernichtende und die Gesundheit verletzende) Wirkung zu erzeugen fähig ist.

1) R.O.H.G. Bd. 13 S. 373 und Bd. 20 S. 151.
2) Stenogr. Ber. 1871 Bd. I S. 458 ff.

In den Motiven wird der Versuch, im Gesetze eine Feststellung des Begriffs einer Fabrik vorzunehmen, als ein vergeblicher bezeichnet und es ausdrücklich in Zweifelsfällen dem Richter überlassen, eine Entscheidung darüber zu treffen, ob es sich um ein Fabrikunternehmen handelt oder nicht.

Die sonst üblichen Unterscheidungen, wonach im Handwerk die Handarbeit, in der Fabrik das mechanische Element vorherrsche, wonach beim Handwerk regelmässig eine vollständige Herstellung der Erzeugnisse durch ein und dieselbe Hand, bei der Fabrik Theilung der Arbeit unter verschiedene Arbeiterklassen stattfinde, wonach ferner der Handwerker auf Bestellung im Kleinen, die Fabrik auf Vorrath im Grossen arbeite, oder wonach endlich als Ausdruck des sozialen Unterschieds beim Handwerk der Meister mitarbeite, während in der Fabrik der Fabrikherr dirigire, seien heutzutage nicht mehr als massgebend und zutreffend anzusehen [1]).

Welche industrielle Anlage als Fabrik im Sinne des § 2 anzusehen ist, ist deshalb quaestio facti.

B. Unfallversicherung.

Nach der Begründung [2]) bildet § 2 des Reichshaftpflichtgesetzes den Ausgangspunkt für die Regelung der Unfallversicherung und ist nur insofern eine Erweiterung demselben gegenüber eingetreten, als für diejenigen Betriebe, in welchen Dampfkessel oder durch elementare Kraft bewegte Triebwerke zur Verwendung kommen, der Begriff „Fabrik" nicht von dem Umfange der Produktion, der vorzugsweise in der Zahl der beschäftigten Arbeiter

---

1) Stenogr. Ber. 1871 Bd. I S. 458 ff.
2) Begründung des III. Entwurfs S. 69.

zum äusserlich erkennbaren Ausdruck gelangt, abhängig gemacht worden ist¹).

Da die Salinen zu den Bergwerken, die Aufbereitungsanstalten und Hüttenwerke, sowie die Werften und Bauhöfe, sofern in diesen gewerblichen Anlagen ein fabrikmässiger Betrieb stattfindet, zu den Fabriken im Sinne des Haftpflichtgesetzes zu rechnen sind, so findet die Unfallversicherung auch auf diese Betriebe Anwendung¹).

Als ausserhalb des Rahmens unserer Aufgabe liegend, lassen wir unerörtert, welche gewerblichen Anlagen, die dem Haftpflichtgesetz nicht unterliegen, die neuere Gesetzgebung der Unfallfürsorge unterworfen hat, und beschränken uns darauf zu untersuchen, ob sich die Unfallfürsorge auf sämmtliche Betriebe des Haftpflichtgesetzes erstreckt.

Da das Ausdehnungsgesetz die Unfallversicherung erstreckt auf den gesammten Betrieb der Eisenbahnverwaltungen, so ergiebt sich, dass in der That sämmtliche haftpflichtigen Betriebe dem Unfallversicherungszwang des industrialen Unfallgesetzes unterworfen worden sind²). Eine Ausnahme von dieser Regel enthält Absatz 7 § 1 des Unfallversicherungsgesetzes.

Nach demselben kann durch Beschluss des Bundesraths die Versicherungspflicht ausgeschlossen werden für solche unter die Vorschrift des § 1 fallenden Betriebe, welche mit Unfallgefahr nicht verknüpft sind.

Macht der Bundesrath von dieser Befugniss Gebrauch — was bisher noch nicht geschehen ist³) —, so scheiden durch diesen Beschluss die betreffenden Betriebe aus dem

---

1) Begründung des III. Entwurfs ebenda.
2) Die Unfallversicherung der im land- und forstwirthschaftlichen Betriebe beschäftigten Personen vom 5. Mai 1886 kommt demnach ebensowenig wie das Bau- und See-Unfallversicherungsgesetz hier in Frage.
3) von Woedtke, Unfallversicherungsgesetz Note 33 ad § 1.

Kreis der unfallversicherungspflichtigen aus, und es gilt dann hinsichtlich derselben das Reichshaftpflichtgesetz in vollem Umfange.

Weder das Reichshaftpflichtgesetz noch das Unfallversicherungsgesetz hat den Begriff „Fabrik" definirt. Während es aber ersteres Gesetz lediglich der Thätigkeit des Richters überlässt, nach Lage des Falles zu entscheiden, ob ein Fabrikunternehmen vorliegt oder nicht, hat letzteres bestimmte Merkmale hervorgehoben, nach welchen diese Entscheidung sich richten soll.

Es haben nach demselben als Fabriken zu gelten:

1) Betriebe, welche sich sprachlich und begrifflich als Fabriken darstellen[1]) — Fabriken im Sinne des Reichshaftpflichtgesetzes —;

2) Betriebe, in welchen Dampfkessel oder durch elementare Kraft (Wind, Wasser, Dampf, Gas, heisse Luft u. s. w.) bewegte Triebwerke zur Verwendung kommen.

Ausgenommen sind hiervon

a) land- und forstwirthschaftliche nicht unter den Absatz 1 § 1 [2]) fallende Nebenbetriebe und

b) solche Betriebe, für welche nur vorübergehend eine nicht zur Betriebsanlage gehörende Kraftmaschine benutzt wird. Sie werden allein durch Verwendung derartiger Maschinen bezw. ad b) durch ihre vorübergehende Verwendung noch nicht zu Fabriken im Sinne des Unfallversicherungsgesetzes.

3) Betriebe, in welchen die Bearbeitung oder Verarbeitung von Gegenständen gewerbsmässig ausgeführt

---

1) von Woedtke a. a. O. Note 9 S. 78; vgl. Amtl. Nachr. des R.V.A. 1885 S. 104 (Z. 29), S. 869 (Z. 91), 1886 S. 160 (Z. 189, 190) u. a.

2) Abs. 1 enthält die nach § 2 des Reichshaftpflichtgesetzes haftpflichtigen Betriebe; vgl. auch A.N. des R.V.A. 1886 S. 251 (Z. 212).

wird und in welchen zu diesem Zwecke mindestens 10 Arbeiter regelmässig beschäftigt werden, endlich

4) Betriebe, in welchen Explosivstoffe und explodirende Gegenstände gewerbsmässig erzeugt werden.

Welche Betriebe ausserdem als Fabriken im Sinne des Unfallversicherungsgesetzes anzusehen sind, entscheidet das Reichsversicherungsamt und zwar endgültig [1]).

§ 4.
2. Die Grenzen beider Gesetzgebungen in Bezug auf die geschützten Personen.

I. Einen Haftpflichtanspruch kann Jedweder erwerben, sofern nur bei ihm die gesetzlichen, im § 6 ausführlicher dargelegten Voraussetzungen eines solchen überhaupt zutreffen. Es ist hierbei ohne Bedeutung, ob der Verunglückte in irgend einem kontraktlichen Verhältnisse zum Betriebsunternehmer, sei es in Bezug auf den Betrieb oder in anderer Beziehung, stand oder nicht.

Den Schutz des Haftpflichtgesetzes geniesst Jeder, mag er auch dem Betrieb und dem Unternehmer völlig fremd gegenüber stehen, so z. B. Personen, die lediglich zur Befriedigung ihrer Neugierde sich auf dem Eisenbahnperron aufhalten, so ferner Besucher von haftpflichtigen Betrieben, Fabriken, Bergwerken u. a. mehr.

Alle diese Personen und im Falle der Tödtung diejenigen, denen der Getödtete zur Zeit seines Todes vermöge Gesetzes verpflichtet war, Unterhalt zu gewähren, insoweit, als ihnen in Folge des Todesfalls der Unterhalt entzogen worden ist, sind bezw. waren durch das Haftpflichtgesetz geschützt.

---
1) § 88 Unfallgesetz.

Es ist hierbei nicht erforderlich, dass der Alimentationsberechtigte zur Zeit der Tödtung in hilfsbedürftiger Lage oder dass die Unterhaltspflicht bereits in jenem Moment praktisch in Wirksamkeit getreten war [1]).

II. Dagegen greift die **staatliche Unfallfürsorge** nur für einen beschränkten Personenkreis solcher Personen, die im gewerblichen Betriebe thätig sind, und nur für gewisse Hinterbliebene derselben Platz.

1) Es ist hierbei zunächst von dem Satze auszugehen, dass in den versicherungspflichtigen Betrieben alle diejenigen Personen versichert sind, welche dem Betriebsunternehmer, Arbeitgeber, als Arbeitnehmer im weiteren Sinne vertragsmässig gegenüberstehen.

Die Arbeitnehmer, auf welche sich die Unfallfürsorge erstreckt, sind einmal die im Betriebe beschäftigten Arbeiter und sodann gering besoldete Betriebsbeamte.

a) Wer **Arbeiter** ist, wird nach der allgemeinen Verkehrsanschauung zu beurtheilen und im konkreten Falle quaestio facti sein [2]).

Zu den Arbeitern gehören insbesondere auch weibliche Arbeiter, das gewerbliche und sonstige Gesinde, das und und so lange es im Betriebe beschäftigt wird (z. B. der für den Gewerbebetrieb dienende Kutscher), ferner Haus-

---

1) R.G.E. Bd. 4 S. 104.

2) Nach Rosin, Recht der Arbeiterversicherung, S. 189, hat man im Allgemeinen unter Arbeitern solche Personen zu verstehen, welche regelmässig ohne weiteren Besitz ihren Lebensunterhalt dadurch gewinnen, dass sie ihre überwiegend rein körperliche Arbeitskraft berufsmässig im Wege des privatrechtlichen Vertrags einem Unternehmer verdingen, welchem sie hiernach als unselbständige Lohnarbeiter die selbständige Verwertbung ihrer wirtbschaftlichen Leistung auf dem Markte überlassen.

genossen (Kinder, Verwandte, jedoch nicht die Ehefrauen), wenn sie im Betriebe beschäftigt werden[1]).

Bei Beantwortung der Frage, wer Arbeiter ist, bleibt die Höhe des Lohnes ohne Berücksichtigung.

Nach Absatz 12 der Anleitung des Reichsversicherungsamts, betreffend die Anmeldung der versicherungspflichtigen Arbeiter ist derjenige Arbeiter als im Betriebe beschäftigt anzusehen, welcher im Betriebsdienst steht und Arbeiten, die zu dem Betriebe gehören, zu verrichten hat, ohne Rücksicht darauf, ob die Verrichtungen innerhalb oder ausserhalb der etwa vorhandenen Betriebsanlage erfolgen.

Auf die Dauer der Beschäftigung kommt nichts an; der Unfallversicherung unterliegen auch solche Personen, welche nur vorübergehend beschäftigt werden.

Die Beschäftigung einer Person im Betriebe kann aber nur mit dem erkennbaren Willen des Unternehmers erfolgen.

Es ist hierbei jedoch nur erforderlich, dass er die Beschäftigung einer Person im Betriebe genehmigt, nicht hingegen, dass diese Beschäftigung von ihm selbst oder auch nur in seinem Namen veranlasst werde[2]).

Darüber, ob eine Person im Betriebe beschäftigt wird, entscheidet nicht unbedingt die Auszahlung des Lohnes durch den Unternehmer oder in seinem Namen.

Mittelspersonen können im eigenen Namen den Arbeitsvertrag abschliessen, die Arbeiter annehmen und ablöhnen, ohne dass Letztere aufhören, als im Betriebe des Unternehmers beschäftigt zu gelten.

---

1) v. Woedtke a. a. O. Anm. 13 zu § 1. A.N. des R.V.A. 1888 S. 69 (Z. 453).
2) Rosin, R. d. Arb.V. S. 241 fg.

Hier wird jedoch immer vorausgesetzt, dass die Mittelspersonen selbst unselbständige Arbeiter, nicht aber eigene Unternehmer sind[1]).

Hausindustrielle sind selbständige Gewerbetreibende. Die von denselben beschäftigten Personen stehen nur in dem durch den Arbeitsvertrag geschaffenen Beschäftigungsverhältniss zu ihren Arbeitgebern, nicht aber zu etwaigen Betriebsunternehmern, welche — regelmässig oder nicht — den Hausindustriellen die selbständige Anfertigung gewerblicher Erzeugnisse übertragen[2]).

b) Ausser den Arbeitern unterliegen dem Versicherungszwang **Betriebsbeamte**, deren Jahresarbeitsverdienst an Lohn oder Gehalt 2000 Mk. nicht übersteigt[3]).

Unter Betriebsbeamten hat man die im technischen Betriebe beschäftigten Beamten zu verstehen, sei es, „dass sie in den objectiven Gang des Betriebs mitbestimmend eingreifen, oder gegenüber anderen im Betriebe beschäftigten Personen eine sich über sie erhebende aufsichtsführende Thätigkeit entfalten"[4]).

Dagegen werden Büreaubeamte, Handlungsgehülfen und sonstige Personen, welche im kaufmännischen Theil des Betriebes angestellt sind, nicht zu den Betriebsbeamten gerechnet.

Nach § 2 des Unfallgesetzes kann durch Bestimmung des Statuts der Berufsgenossenschaft die Versicherungspflicht auf Betriebsbeamte mit einem 2000 Mk. übersteigenden Jahresverdienst erstreckt werden.

Ferner kann durch Statut bestimmt werden, dass und

---

1) Rosin, Recht d. A.V. S. 241 ff.
2) vgl. A.N. des R.V.A. 1885 S. 83 (Z. 16).
3) A.N. des R.V.A. 1889 S. 155 (Z. 667).'
4) Rosin, R. d. A.V. S. 160. — Nach § 4 Abs. 1 Landw. Unf.-G. wird durch statutarische Bestimmung der Berufsgenossenschaft für ihren Bezirk festgestellt, wer als Betriebsbeamter anzusehen ist.

unter welchen Bedingungen Unternehmer versicherungspflichtiger Betriebe (§ 1 Unf.-Ges.) berechtigt sind, sich selbst oder andere (nach § 1) nicht versicherungspflichtige Personen gegen die Folgen von Betriebsunfällen zu versichern. Diese Bestimmung ist namentlich wichtig für die kaufmännischen Angestellten, sowie für sonstige Personen, welche die Betriebsräume zeitweilig betreten, ohne in dem Betriebe selbst dauernd beschäftigt zu sein [1]).

Eine Ausnahmestellung nehmen die Beamten des Reichs, der Bundesstaaten und von Communalverbänden und die Personen des Soldatenstandes ein. Nach § 4 Unf.-Ges. findet die Unfallfürsorge auf Beamte, welche in Betriebsverwaltungen des Reichs, eines Bundesstaats oder eines Communalverbandes mit festem Gehalt und Pensionsberechtigung angestellt sind, keine Anwendung.

Diese Bestimmung hat insofern durch das Ausdehnungsgesetz [2]) eine Erweiterung erfahren, als die Bestimmungen des Unf.-Ges. auch auf Personen des Soldatenstandes, wenn sie in einem reichsgesetzlich der Unfallversicherung unterliegenden Betriebe einen Betriebsunfall erleiden, keine Anwendung finden.

Durch das Reichsgesetz vom 15. März 1886, betreffend die Fürsorge für Beamte und Personen des Soldatenstandes scheiden auch die ohne festen Gehalt und Pensionsberechtigung beschäftigten Beamten der Reichsverwaltung, des Reichsheeres und der Kaiserlichen Marine mit höchstens 2000 Mk. Jahreseinkommen oder bei höherem Einkommen, insoweit sie durch besondere statutarische Bestimmung einer Berufsgenossenschaft bezw. durch Ausführungsvorschriften, insoweit das Reich oder ein Bundesstaat an die Stelle der Berufsgenossenschaft getreten ist, der Versiche-

---

1) v. Woedtke a. a. O. S. 106 Note 7.
2) Aus-Ges. § 4 Abs. 1.

rungspflicht unterworfen worden waren, aus der Unfallfürsorge aus [1]).

In gleicher Weise finden die reichsgesetzlichen Bestimmungen über Unfallversicherung auf solche Staats- und Communalbeamte und deren Hinterbliebene keine Anwendung, für welche durch die Landesgesetzgebung oder durch statutarische Festsetzung gegen die Folgen eines im Dienste erlittenen Betriebsunfalls eine den Vorschriften des Beamtenunfallgesetzes mindestens gleichkommende Fürsorge getroffen ist [2]).

Für diese Personen und deren Hinterbliebene wird an Stelle der Unfallfürsorge ausreichende Fürsorge durch Zuwendung erhöhter Pensionen, Wittwen- und Waisenrenten gewährt.

Wer als Beamter im Sinne des Beamtenunfallgesetzes anzusehen ist, entscheidet sich nach den allgemeinen Grundsätzen.

Das Gesetz erstreckt sich, wie ausdrücklich in der Begründung hervorgehoben wurde, nicht nur auf diejenigen Beamten, welchen eine etatmässige Stelle definitiv verliehen worden ist, sondern auch auf die diätarisch und kommissarisch beschäftigten Beamten [3]).

Anwendbar dagegen bleibt das Unfallversicherungs-

---

[1] Der Kreis der unter das Beamtenunfallgesetz fallenden Personen umfasst alle in unfallversicherungspflichtigen Betrieben beschäftigten Reichsbeamten, sowie in gleichem Umfange diejenigen Personen, welche nach § 38 des Militärgesetzes vom 2. Mai 1874 zum aktiven Heere gehören und die Militärpersonen der Kaiserlichen Marine. — Begründung des Entwurfs eines Gesetzes betr. Fürsorge für Beamte und Personen des Soldatenstandes in Folge von Betriebs-Unfällen. Stenogr. Ber. 6. Leg. 2. Sess. 1885—86. Anlagen Aktenstück 5 S. 53.

[2] § 12 l. c. B.U.G.

[3] Begründ. d. Entwurfs. Stenogr. Ber. 6. Leg. 2. Sess. 1885—86 Aktenst. No. 5 S. 54.

gesetz auf diejenigen Staats- und Kommunalbeamten, welche ohne festen Gehalt und Pensionsberechtigung in unfallversicherungspflichtigen Betrieben beschäftigt das gesetzlich oder durch Statut bezw. Ausführungsvorschriften bestimmte geringe Jahreseinkommen haben und für welche nicht gegen die Folgen eines im Dienste erlittenen Betriebsunfalls eine der durch das Beamtenunfallgesetz bestimmten mindestens gleichkommende Fürsorge getroffen ist.

Desgleichen auf die in unfallversicherungspflichtigen Reichs- und Militärbetrieben beschäftigten dem Arbeiterstand angehörenden Personen [1]).

2) Hinterbliebene im Sinne des Unfallgesetzes und des Beamtenunfallgesetzes sind die Wittwe, sofern die Ehe vor dem Unfall geschlossen worden ist, die Kinder bis zum zurückgelegten fünfzehnten bezw. achtzehnten Lebensjahre, auch wenn dieselben in einer nach dem Unfall geschlossenen Ehe geboren oder durch eine solche Ehe legitimirt worden sind [2]), und diejenigen Aszendenten des Getödteten, deren einziger Ernährer der Getödtete war und zwar für die Zeit bis zu ihrem Tode oder bis zum Wegfall der Bedürftigkeit [3]).

Unter Kindern hat man eheliche und den ehelichen gleichstehende Kinder (legitimirte, adoptirte, arrogirte) zu verstehen.

Auch Brautkinder dürften hierher zu rechnen sein, doch wird vorausgesetzt, dass ein gültiges Verlöbniss vorliegt und dass die Ehe durch den Tod eines Theils oder grundlose Weigerung des Vaters unmöglich geworden ist [4]).

---

1) Landmann Unfallversicherungsgesetz 1886 S. 326.
2) vgl. A.N. des R.V.A. 1890 S. 513 (Z. 895) u. 1886 S. 129.
3) Vgl. hinsichtlich der Stiefkinder und der Stiefmutter A.N. des R.V.A. 1887 S. 133 (Z. 321 u. 322).
4) Windscheid, Pand. III § 571 S. 121 (5. Auflage); vgl. auch A.N. des R.V.A. 1886 S. 129 (Z. 130).

Gleiches gilt für die in einer Putativehe erzeugten Kinder und für den nasicuturus[1]), dagegen sind unter „Kinder" nicht auch weitere Descendenten zu verstehen. Hätte der Gesetzgeber den Letzteren einen Anspruch geben wollen, so hätte er sicherlich den Ausdruch „Deszendenten gewählt und in § 6 unter a) verwandt, da dies schon die Gegenüberstellung zu den Aszendenten in § 6 unter b) nahelegte.

Da der Ausdruck „Deszendenten" trotzdem vermieden und der Ausdruck „Kinder", die doch an und für sich niemals die Enkel etc. mit umfassen, gebraucht worden ist, so ergiebt sich daraus, dass das Unfallgesetz den weiteren Deszendenten einen Anspruch nicht gewähren wollte[2]).

Ebensowenig zählt zu den Hinterbliebenen im Sinne des Unfallgesetzes die Wittwe, wenn die Ehe nach dem Unfall geschlossen ist — sie ist ausdrücklich ausgenommen.

Endlich gehören zu den Hinterbliebenen nur diejenigen Aszendenten, deren einziger Ernährer der Getödtete thatsächlich gewesen ist. Als solcher gilt der Verunglückte dann, wenn er den Aszendenten „zur Zeit des Unfalls dauernd, jedoch ungeachtet zeitweiser durch äussere Umstände bedingter Unterbrechungen im Wesentlichen allein unterhalten, ihn vor Armuth und Elend geschützt hat"[3]).

Diejenigen Personen, welche nicht zu den entschädigungsberechtigten Hinterbliebenen im Sinne des Unfallversicherungsgesetzes gehören, können, selbst wenn ein Betriebsunfall vorliegt, nach wie vor die ihnen nach dem

---

[1] L. 231 D. 50 ^{17}: nasiturus pro jam nato habetur, quoties de commodis ejus quaeritur. Vgl. auch Woedtke a. a. O. S. 145.

[2] Vgl. Landmann a. a. O. S. 61; A. A. Woedtke S. 145 und Lass S. 175 Note 1.

[3] Woedtke Anm. 13a zu § 6 S. 147. Vgl. R.O.H.G. Bd. 18 S. 13 und A.N. des R.V.A. 1886 S. 228 (Z. 203 u. 204) 1887 S. 8 (Z. 248).

bürgerlichen Recht, Reichshaftpflichtgesetz etc. zustehenden Ansprüche geltend machen [1]).

Ein Gleiches gilt von den Hinterbliebenen eines Ausländers, welche zur Zeit des Unfalls nicht im Inlande wohnten [2]). Sie haben keinen Anspruch auf Rente, sind also nicht nach Massgabe des Unfallgesetzes zu entschädigen und müssen deshalb ihre etwaigen Ansprüche nach bürgerlichem Recht geltend machen [3]).

In analoger Weise zum Unfallgesetz bleiben den nicht nach Beamtenunfallgesetz entschädigungsberechtigten Hinterbliebenen von Beamten der Reichscivilverwaltung, des Reichsheeres und der Kaiserlichen Marine und Personen des Soldatenstandes, welche in reichsgesetzlich der Unfallversicherung unterliegenden Betrieben beschäftigt sind, die ihnen sonst nach dem Civilrecht zustehenden Entschädigungsansprüche vorbehalten, während denjenigen Hinterbliebenen, auf die sich die Fürsorge des Beamtenunfallgesetzes erstreckt, weitergehende Ansprüche als auf die durch dieses Gesetz gewährten Bezüge gegen das Reich und die Bundesstaaten ausdrücklich entzogen sind [4]).

Gleiches gilt für die Hinterbliebenen solcher Staats- und Kommunalbeamten, für welche durch die Landesgesetzgebung oder durch statuarische Festsetzung gegen die Folgen eines im Dienste erlittenen Betriebsunfalls eine der Fürsorge des Beamtenunfallgesetzes mindestens gleichkommende Fürsorge getroffen ist [5]).

---

1) Vgl. R.G.E. Bd. 24 S. 123, vgl. § 5 B die mitgetheilte Verhandlung des Reichstags.
2) vgl. A.N. des R.V.A. 1890 S. 588 (Z. 898).
3) Unf.-Ges. § 5 letzt. Abs.
4) Beamten-Unf.-Ges. § 10 Abs. 2; Landmann a. a. O. (ad § 8 B.U.G. Note 2 S. 323).
5) B.U.G. § 12.

§ 5.
3. Die Grenzen beider Gesetzgebungen in Bezug auf die leistungspflichtigen Personen.

A. Nach dem Haftpflichtgesetz haften die Betriebsunternehmer der in den §§ 1 und 2 des H.G. aufgeführten haftpflichtigen Betriebe.

Unter Betriebsunternehmer hat man im Sinne des § 1 l. c. im Gegensatz zu denjenigen Personen, welche den Bau einer Eisenbahn unternommen haben, solche Personen zu verstehen, welche für eigene Rechnung und auf eigene Gefahr die dem Zwecke der Bahn entsprechende Ausnutzung in dem Sinne bewirken, dass das ökonomische Ergebniss des Betriebes ihnen zum Vortheil oder Nachtheil gereicht [1]).

Wer Eigenthümer der Bahn ist, ist gleichgültig; hat der Eigenthümer die Bahn z. B. verpachtet, so ist nicht er Betriebsunternehmer, sondern der Pächter.

Die Haftpflicht aus § 1 ist eine dem Betriebe, nicht aber dem Eigenthume auferlegte obligatio [2]).

So haftet, wenn die Bahn A auf Grund irgend welchen Titels z. B. pachtweise das Geleise der Bahn B mitbenutzt, für die Unfälle, welche sich bei diesem Betriebe ereignen, die Bahn A und nicht die Bahn B [3]).

Ebenso entscheidet über die Haftpflicht bei Unfällen, die sich bei dem Verkehr mittels durchgehender Personen- und Güterzüge ereignen [4]), lediglich die Frage, wer als Betriebsunternehmer anzusehen ist, wem das ökonomische Ergebniss Nachtheil oder Vortheil bringt.

---

1) R.G.E. Bd. I Nr. 102 S. 279, Bl. f. Rechtspflege Bd. XXIV S. 303.
2) R.O.H.G.E. Bd. 21 S. 267.
3) R.O.H.G. Bd. 21 S. 267.
4) Vgl. Verf. d. D. R. art. 41 ff.

Erfolgt der Betrieb auf alleinige Rechnung einer der Bahnen, so haftet diese; erfolgt der Betrieb für jede der Bahnen hinsichtlich ihrer Bahnstrecke auf gesonderte Rechnung, so haftet die Bahn, bei deren Betriebe sich der Unfall ereignete; erfolgt der Betrieb auf gemeinschaftliche Rechnung der Bahnen, so haftet jede derselben solidarisch[1]).

Gleiche solidarische Haftpflicht tritt ein, wenn „beim Betriebe zweier Eisenbahnen auf demselben Bahnkörper durch verschiedene Betriebsunternehmer infolge eines zufälligen Zusammentreffens der beiderseitigen Betriebsthätigkeit ein Mensch getödtet oder verletzt wird[2]). Wird einer der Betriebsunternehmer belangt, so stehen ihm die Einreden der Theilung und Vorausklage nicht zu.

Aus dem Vorhandensein der gesetzlichen Voraussetzungen der Haftpflicht bei jeder der beiden Eisenbahnen folgt von selbst, dass die eine wie die andere in vollem Umfange zu haften verpflichtet ist[3]).

B. Bei der **Unfallversicherung** haben wir bezüglich der leistungspflichtigen Personen den **Normalfall** und einen **Ausnahmefall** zu unterscheiden:

I. **Träger der Versicherung** und also normaler Weise leistungspflichtig sind nach dem Unf.-G. die in **Berufsgenossenschaften** vereinigten Betriebsunternehmer.

---

1) R.O.H.G. Bd. 22 S. 8.
2) R.O.H.G. Bd. 21 S. 361 fg.
3) R.O.H.G. Bd. 21 S. 361 fg. Stenogr. Ber. 1871 I Bd. S. 624 ff. Der Antrag des Abgeordn. Dr. Römer, zwischen § 9 u. 10 d. H.G. einzuschalten: „die in § 1 u. 2 bezeichneten Unternehmer sind nicht befugt, den Ersatzberechtigten mittelst der Einrede der Vorausklage oder Theilung an eine andere neben dem Unternehmer haftende Person zu verweisen" wurde abgelehnt, nachdem er zuvor als überflüssig seitens des Bundesbevollmächtigten bezeichnet worden war. Vgl. a. Stenogr. Ber. 1871 I Bd. S. 497.

Die Mittel zur Deckung der von den Berufsgenossenschaften zu leistenden Entschädigungsbeträge und der Verwaltungskosten werden durch Beiträge der Mitglieder vermittelst Umlage aufgebracht (§ 10 Unf.-G.). Als Unternehmer gilt derjenige, für dessen Rechnung der Betrieb erfolgt (§ 9 l. c.).

Die Berufsgenossenschaften sind für bestimmte Bezirke gebildet und umfassen innerhalb derselben alle Betriebe derjenigen Industriezweige, für die sie errichtet worden sind.

Jeder Unternehmer eines solchen Betriebes ist kraft Gesetzes Mitglied derjenigen Berufsgenossenschaft, zu welcher er nach Massgabe des von ihm betriebenen Industriezweiges gehört[1]). Diese Mitgliedschaft ist weder von der Anmeldung des Betriebes noch von der Aufnahme des Unternehmers in das Genossenschaftskataster abhängig.

Für die Post-, Telegraphen-, Marine- und Heeresverwaltungen, sowie für die vom Reich oder von einem Bundesstaat für Reichs- bezw. Staatsrechnung verwalteten Eisenbahnbetriebe, sämmtlich einschliesslich der Bauten, welche von denselben für eigene Rechnung ausgeführt werden, tritt an Stelle der Berufsgenossenschaft das Reich bezw. der Staat, für dessen Rechnung die Verwaltung geführt wird.

Gleiches gilt in der Regel[2]) hinsichtlich der vom Reich oder von einem Bundesstaat für Reichs- bezw. Staatsrechnung verwalteten Baggereien, Binnenschifffahrts-, Flösserei-, Prahm- und Fährbetriebe. Alle zu den genannten Verwaltungen gehörigen fiskalischen Fabriken scheiden demnach aus den Berufsgenossenschaften aus.

---

1) Landmann a. a. O. S. 326.
2) Begründung des III. Entwurfs.
3) Ausdehnungsgesetz § 2 Abs. 1 u. 2.

Hierher gehören z. B. militärische Pulverfabriken und Eisenbahnwerkstätten u. a. m.[1]) Dagegen gehören zu den Berufsgenossenschaften diejenigen Eisenbahnbetriebe, welche zwar einem Bundesstaat gehören, aber an Privatpersonen verpachtet sind, sowie diejenigen Eisenbahnbetriebe, welche ein Bundesstaat nicht für eigene Rechnung, sondern für Rechnung der Privatunternehmer dieser Betriebe verwaltet[2]). Denn in diesen Fällen ist nicht der Staat Betriebsunternehmer, sondern die betreffenden Privatpersonen.

Der Begriff „Unternehmer" des Unfallversicherungsgesetzes deckt sich aber nicht mit dem des Reichs-Haftpflichtgesetzes.

Dies ergiebt sich aus Folgendem:

Haben mehrere Eisenbahnverwaltungen z. B. A, B und C sich zum gemeinsamen Betriebe eines durchgehenden Zuges auf gemeinsame Rechnung verbunden, so sind sie sämmtlich, wie oben § 5 unter A ausgeführt ist, als Betriebsunternehmer im Sinne des Haftpflichtgesetzes anzusehen.

Erleidet ein Mitglied des Zugpersonals, welches z. B. die Eisenbahnverwaltung A gestellt hat und welches insgesammt der Berufsgenossenschaft des A zugehört, einen Betriebsunfall, so hat der Verletzte einen Anspruch auf Unfallfürsorge gegen die Berufsgenossenschaft A, zugleich aber Ansprüche aus dem Reichshaftpflichtgesetz gegen die Eisenbahnverwaltungen B und C, welche dem Verletzten nicht als Versicherer gegenüberstehen[3]).

Dr. v. Schulze-Gävernitz stellt deshalb a. a. O. dem Betriebsunternehmer des Reichshaftpflichtgesetzes den ver-

---

1) von Woedtcke a. a. O. S. 410.
2) Aus den Motiven zum Ausdehnungsgesetz S. 10 ff. (v. Woedtke S. 409).
3) Dr. v. Schulze-Gävernitz in Grünhuts Ztschr. Bd. 16 S. 457 ff.

sicherungspflichtigen Betriebsunternehmer der Unfallversicherungsgesetzgebung gegenüber.

Auch das Reichsgericht [1]) unterscheidet zwischen dem Betriebsunternehmer, in dessen Betriebsunternehmen der Unfall eingetreten und der Arbeiter beschäftigt ist, und demjenigen Betriebsunternehmer, der nicht zu dem Beschädigten im Verhältniss eines Arbeitgebers steht. Letzterer ist Dritter im Sinne des § 98 Unf.-G. und ist dem Verletzten nach dem bestehenden Recht, Reichshaftpflichtgesetz etc., verpflichtet.

Ebensowenig ist Betriebsunternehmer im Sinne des Unf.-G., wenn auch nicht Dritter nach § 98 l. c. der Unternehmer eines durch Bundesrathsbeschluss eximirten Betriebs, und dasselbe hat m. E. auch zu gelten rücksichtlich des Unternehmers, dessen Betrieb durch endgültige Entscheidung des Reichsversicherungsamts (event. Landesversicherungsamts) thatsächlich von der staatlichen Versicherung ausgeschlossen ist.

Es ist dies auf zweifache Weise möglich. Einmal, ein Unternehmer hat gegen die Aufnahme in das Kataster bezw. gegen dessen Ablehnung[2]) Beschwerde an das Reichs- (bezw. Landes-) Versicherungsamt eingelegt und eine Entscheidung dieser Behörde schliesst die Unfallfürsorge für den Betrieb aus.

Zweitens, die Zugehörigkeit eines Betriebs zu einer Berufsgenossenschaft steht bei Eintritt des Unfalls nicht fest.

Ereignet sich in einem solchen Betrieb ein Unfall, so können die Verletzten und deren Hinterbliebene, wenn sie

---

1) R.G.E. Bd. 21 S. 14.

2) Wird in diesem Falle Beschwerde nicht erhoben, so hat die untere Verwaltungsbehörde von Amtswegen die Entscheidung des Reichsversicherungsamts herbeizuführen. § 37 Abs. 5 Unf.-G.

den Betrieb für versicherungspflichtig halten, ihren Anspruch bei der unteren Verwaltungsbehörde anmelden, in deren Bezirk der Betrieb belegen ist.

Dieselbe hat den Entschädigungsanspruch mittels Bescheigs zurückzuweisen, wenn sie den Betrieb, in welchem der Unfall sich ereignet hat, für nicht unter § 1 fallend erachtet.

Gegen diesen Bescheid steht dem Verletzten und seinen Hinterbliebenen die Beschwerde an das Reichsversicherungsamt zu.

Dieses entscheidet endgültig.

Weist auch dieses den Entschädigungsanspruch zurück und wird der Richter angerufen, so fragt es sich, ob Letzterer an die Entscheidung des Reichsversicherungsamts, welches z. B. das Unternehmen nicht als Fabrik und deshalb nicht als unfallversicherungspflichtig anerkennt, gebunden ist.

Nach von Woedtke a. a. O. S. 80 hat der Richter, wenn er die Anlage nicht als Fabrik erachtet[1]) nach dem etwa in Frage kommenden Landesrecht zu entscheiden; ist er der Meinung, daß es sich um eine Fabrik handle, so hat er, da alle Fabriken vorbehaltlich des Abs. 7 § 1 dem Unfallgesetz unterworfen sind, den Kläger an die Berufsgenossenschaft bezw. an die untere Verwaltungsbehörde zu verweisen. Der Kläger würde auf diese Weise leicht von keiner Seite Entschädigung erhalten.

M. E. ist aber der Richter an eine vorliegende Entscheidung des Reichsversicherungsamtes, insoweit dasselbe

---

1) Es sei kaum denkbar, dass der Richter eine gewerbl. Anlage dann als Fabrik auffassen sollte, wenn das R. Vers. Amt dies verneint habe, da hierbei im Wesentlichen technische Fragen in Betracht kämen, bei deren Beurtheilung sich der Richter sicherlich an die Auffassung der gerade hierin sachverständigen Behörde anschliessen werde.

darüber entscheidet, ob die Unfallfürsorge überhaupt Platz greift oder nicht, gebunden [1]).

Die Entscheidung, ob ein Betrieb versicherungspflichtig ist oder nicht, steht endgültig dem Reichsversicherungsamt zu.

Dieses entscheidet hierbei lediglich über die administrative Vorfrage, ob die Unfallversicherung überhaupt Platz greift oder nicht, ob der Unternehmer Genossenschaftsmitglied ist oder nicht und ob die beschädigten Personen versicherte Personen im Sinne des Unfallgesetzes sind oder nicht [2]).

Hat das Reichsversicherungsamt endgültig entschieden, daß eine Person nicht unfallfürsorgeberechtigt ist und wird der Richter angegangen, so hat dieser nicht zu prüfen, ob die Person eine nach dem Unfallgesetz fürsorgeberechtigte ist und sie eventuell an die Berufsgenossenschaften bezw. untere Verwaltungsbehörde zu verweisen, sondern hat sich daran zu halten, dass ihn eine thatsächlich nicht versicherte Person, auf die sich die Unfallfürsorge nicht erstreckt, angerufen hat.

---

1) Derselben Ansicht ist wohl auch Clemens, der Einfluss der Unfallversicherungsgesetzgebung auf die privatrechtl. Haftpflicht etc., Köln 1889.

2) 1884 Stenogr. Ber. 5 Leg. 4 Sess 2. Bd. S. 938. Erklärung des Bundesrathskommissars Bosse „das Reichsversicherungsamt ist eine gemischte Behörde, die theils administrative, theils über auch Aufgaben der Rechtsprechung hat".

Vergl. auch ebenda S. 884: die regierungsseitige Erklärung: das Reichsversicherungsamt ist eine mit selbständigen Entscheidungen und Zwangsbefugnissen ausgerüstete Reichsbehörde, welche unbeschadet gewisser dem Bundesrath übertragener Funktionen die Durchführung des Gesetzes in organisatorischer, administrativer, verwaltungsgerichtlicher und disciplinarischer Beziehung in letzter Instanz in der Hand hat. — Gegen die oben vertretene Ansicht spricht m. E. nicht R. G. E. Bd. 24 S. 393.

Das Unfallgesetz will nicht die Haftung der Unternehmer haftpflichtiger Betriebe beseitigen, sondern den Arbeitern für die in ihrer Realisirung höchst unsicheren Entschädigungsansprüche eine vollkommen sichere Entschädigung gewähren.

Das Gesetz zwingt deshalb den Unternehmer, seine Arbeiter und damit sich selbst gegen die mit seinem Betriebe verbundene Unfallgefahr zu versichern.

Dies ergiebt sich daraus, dass die Unternehmer die gesammten Kosten der Unfallversicherung tragen.

Das Unfallgesetz bestimmt nun nirgends, dass das Haftpflichtgesetz aufgehoben sein solle, wenn die bestimmten gesetzlichen Voraussetzungen zur Unfallfürsorge vorliegen, sondern drückt sich vielmehr so aus, dass die nach Massgabe des Gesetzes versicherten Personen und deren Hinterbliebene nur in bestimmter Weise Ersatzansprüche gegen den Betriebsunternehmer geltend machen können (§ 95), während es die Ansprüche Dritter unberührt läßt.

Es soll den Verletzten bezw. deren Hinterbliebenen lediglich die Befugniss entzogen werden, regelmässig neben der Unfallrente noch die Unternehmer auf Schadensersatz zu belangen.

Wo eine Entschädigung auf Grund des Unfallgesetzes überhaupt nicht gewährt wird, bleibt die Haftung nach dem bestehenden Rechte unberührt.

Dass der Gesetzgeber bei den Bestimmungen des § 95 nur das thatsächliche Verhältniss im Auge hatte, ob die Unfallfürsorge Platz greift oder nicht, ergiebt die ganze Tendenz des Gesetzes, die den Arbeiter möglichst sichern wollte.

Es sprechen hierfür aber auch die Verhandlungen des Deutschen Reichstags.

Bei der zweiten Lesung des Unfallgesetzes lag ein Antrag „Barth und Genossen" vor, in § 95 Absatz 1 (92 d. E.) nach den Worten „deren Hinterbliebenen" einzuschalten: „falls diese nach Maßgabe dieses Gesetzes zu entschädigen sind".

Bei der Debatte über diesen Antrag erklärte der Abgeordnete Eysoldt, ohne dass ihm von irgend einer Seite widersprochen wurde:

„Wir sind zu dem Antrag veranlasst worden, weil in der Kommission durch Regierungsvertreter darüber Zweifel erhoben wurden, ob und inwieweit auch Personen, die durch die Wohlthat dieses Gesetzes nicht betroffen werden, von Entschädigungsansprüchen, die aus anderen Gesetzen resultiren, ausgeschlossen seien.

Nun geht nach den Erklärungen der Kommission die Absicht der Vorlage dahin, denjenigen Personen, welche die Wohlthaten dieses Gesetzes geniessen, für diese Wohlthaten weiter gehende civilrechtliche Ansprüche, die aus anderen Gesetzen resultiren, abzuschneiden.

Dagegen würde es mit der Tendenz des Gesetzes nach allen Erklärungen im Widerspruch stehen, wenn man Personen, welche nicht von den Wohlthaten dieses Gesetzes berührt werden und welche aus anderen gesetzlichen Bestimmungen z. B. aus dem code civil, dem Haftpflichtgesetz u. s. w. Ansprüche auf Entschädigung gegen Betriebsunternehmer haben, diese abschneiden wollte.

Es ist dies nicht Absicht der Vorlage und der Kommission gewesen und wir haben deshalb den Antrag lediglich um deswillen gestellt, um diese Anschauung hiermit etwas klarer festzustellen."

Auch diese Auslassung spricht dafür, dass lediglich das thatsächliche Verhältniss, ob die Unfallfürsorge Platz greift oder nicht, über das Fortbestehen der bisherigen civilrechtlichen Ansprüche entscheidet. Wird also der Richter in dem Falle angerufen, wo das Reichsversicherungsamt endgültig entschieden hat, daß die Unfallfürsorge nicht Platz greift, dann entscheidet er nach dem bestehenden Recht, Reichshaftpflichtgesetz etc.

Liegt eine solche Entscheidung nicht vor, dann ist davon auszugehen, dass der Richter grundsätzlich auch über solche Vorfragen zu entscheiden hat, welche dem Verwaltungsrecht angehören [1]).

Weist der Richter ab, weil die Unfallfürsorge Platz greife und entscheidet schliesslich das Reichsversicherungsamt im entgegengesetzten Sinne, dann ginge der Verletzte seiner Entschädigungsansprüche verlustig.

Der Richter dürfte deshalb in geeigneten Fällen von der Befugniss des § 139 der Civ. Prozessordn. Gebrauch machen, das Verfahren bis zur Entscheidung des Reichsversicherungsamts aussetzen und der klägerischen Partei aufgeben, die maßgebende Entscheidung des Reichsversicherungsamts herbeizuführen [2]).

Da hierdurch keine Kosten erwachsen, so dürfte eine Unbilligkeit umsoweniger darin zu erblicken sein, als nur dadurch der Verletzte vor der Eventualität des Verlustes seiner Entschädigungsansprüche vollkommen geschützt ist.

II. Nach § 98 des Unfallgesetzes bestimmt sich die Haftung dritter in den §§ 95—96 nicht bezeichneter Personen, welche den Unfall vorsätzlich herbeigeführt oder durch Verschulden verursacht haben, nach den bestehenden gesetzlichen Vorschriften.

---

1) Gaupp, Commentar zur Civilprocessordnung S. 802.
2) auf Antrag oder von Amtswegen.

Gleiche Bestimmung trifft das Beamtenunfallgesetz in § 10 Absatz 3.

In § 95 wird bestimmt, inwieweit den versicherten Personen ihren Arbeitgebern und deren Angestellten gegenüber civilrechtliche Ansprüche verbleiben.

§ 98 stellt diesen Personen, dem Arbeitgeber als Versicherer und seinen Angestellten andere Personen, Dritte, in Gegensatz, die nicht in diesem Verhältniss zu dem Verunglückten stehen. Dies sind Mitarbeiter, überhaupt alle Personen, welche zu dem Betriebe, in dem sich der Unfall ereignet hat, nicht im Verhältniss des versicherungspflichtigen Unternehmers — Arbeitsgebers — oder von Angestellten (Repräsentanten etc.) desselben stehen.

Also z. B. Besucher der Betriebsräume und Andere.

Endlich gehören hierher auch diejenigen Betriebsunternehmer, welche nicht zu dem Beschädigten im Verhältniss eines Arbeitsgebers stehen [1]).

§ 98 spricht lediglich von der Haftung derjenigen Personen, welche den Unfall vorsätzlich herbeigeführt oder durch Verschulden verursacht haben.

Man ist darüber einig, dass § 98 auf alle Fälle anzuwenden ist, in welchen einer nach Unfallgesetz entschädigungsberechtigten Person ein Schadensersatzanspruch gegen einen Dritten zusteht.

Wäre § 98 Absatz 1, so führt die R. G. E. Band 24 S. 128 aus, auf diejenigen Fälle nicht zu beziehen, in welchen der Unfall von dem Dritten weder vorsätzlich herbeigeführt noch durch ein anderes Verschulden verursacht worden ist, in welchen aber dennoch eine Haftpflicht

---

1) Vergl. oben § 5 B und R. G. E. Bd. 24 S. 127.
2) v. Schulze Gävernitz in Grünhutt Zeitschr. Bd. XVI S. 457 ff.

kraft Gesetzes begründet ist, so würde das Unfallgesetz bezüglich derartiger Fälle überhaupt nicht in Betracht kommen, die Geltendmachung der in Frage kommenden obligatio ex lege sich vielmehr lediglich nach den bestehenden gesetzlichen Vorschriften richten und gerade so zu verfahren sein, als ob § 98 des Unfallgesetzes nicht vorhanden wäre [1]).

Einen weiteren Beweis für die herrschende Ansicht ergibt die Begründung des Entwurfs betreffend die Fürsorge für Beamte und Personen des Soldatenstands [2]).

Hier heißt es:

Dritte Personen dagegen, einschliesslich anderer bei dem Unfall konkurrirender Betriebsverwaltungen des Reichs, in deren Dienst der Vorletzte gestanden hat, bleiben nach dem dem § 98 des Unfallgesetzes entsprechenden § 9 des Entwurfs nach Massgabe der bisherigen gesetzlichen Bestimmungen regresspflichtig.

Diese Grundsätze sollen sowohl bezüglich solcher Dritter, welche für Vorsatz und Verschulden haften, als auch bezüglich der Betriebsunternehmer von Eisenbahnen gelten, welche nach § 1 des Haftpflichtgesetzes auch ohne den Nachweis eigenen Verschuldens haftbar sind.

Die Fassung des § 9 des Entwurfs ist dazu bestimmt, etwaigen Zweifeln über die Haftpflicht der Eisenbahnen, welche sich bei einer wörtlichen Hinübernahme des § 98 des Unfallversicherungsgesetzes etwa ergeben könnten, vorzubeugen.

Also nicht um eine Besonderheit von § 98 des Unfallgesetzes einzuführen, sondern lediglich etwaigen Zwei-

---

1) vgl. von Schulze-Gävernitz a. a. O. S. 45 ff. R. G. E. Bd. 11 S. 51 ff., Bd. 23 S. 51 ff., Bd. 24 S. 117 ff.

2) Stenogr. Ber. 1885/6. 6 Seg. 2. Sess. Aktenst. No. 5 S. 55 zu den §§ 7—9.

feln von vornherein zu begegnen, ist in § 10 (9 des Entwurfs) die Haftung der Betriebsunternehmer von Eisenbahnen noch ausdrücklich hervorgehoben.

Nicht zu diesen Dritten des § 98 gehört der Unternehmer eines durch Bundesrathsbeschluß eximirten Betriebs und der Unternehmer eines Betriebs, dessen Versicherungspflicht durch endgültige Entscheidung des Reichsversicherungsamts ausgeschlossen ist.

Sie werden durch die gesetzlichen Bestimmungen der §§ 95—98 gar nicht berührt, denn diese regeln nur die Haftung bei Unfällen, wo auch nach Unfallgesetz Entschädigung gewährt werden muss.

Die Haftung der genannten Personen dagegen nach Reichshaftpflichtgesetz ist nirgends aufgehoben. § 95 des Unfallgesetzes bestimmt nur, daß die nach Maßgabe des Unfallgesetzes versicherten (fürsorgeberechtigten) Personen und Hinterbliebenen in der Regel weitere Ansprüche nicht geltend machen können.

Daraus folgt mittelst argumentum e contrario, daß die Ansprüche der nicht fürsorgeberechtigten Personen bestehen bleiben.

Die nach Massgabe des Unfallgesetzes versicherten Personen sind die oben § 4 aufgeführten Personen und zwar rücksichtlich derjenigen Unfälle, welche sich als Betriebsunfälle derjenigen versicherungspflichtigen Betriebe darstellen, in denen sie beschäftigt sind.

Für alle anderen Personen und für die in § 4 aufgeführten rücksichtlich anderer Unfälle bewendet es bei dem bisherigen Recht.

Die Haftung der dritten Personen, welche sich nach dem bestehenden Recht richtet, ist dem Verunglückten gegenüber im Gegensatz zu § 95 Absatz 2, wo der Anspruch auf den Betrag beschränkt ist, um welche die ihm nach den bestehenden gesetzlichen Vorschriften gebührende Entschädigung diejenige übersteigt, auf welche er nach dem Unfallgesetz Anspruch hat, unbeschränkt. Denn eine Beschränkung hinsichtlich der Forderung gegen Dritte ist in § 98 in keiner Weise erfolgt, im Gegentheil ausdrücklich hervorgehoben, dass sich die Haftung dieser Personen nach dem bestehenden Recht richtet.

Hat sich der Verletzte an den Dritten gehalten und ist von ihm befriedigt worden, so hat er natürlich keinen Anspruch an die Berufsgenossenschaft.

„Denn diese ist nur insoweit zur Entschädigung verpflichtet, als die Forderung der Entschädigungsberechtigten, welche nach § 98 des Unfallgesetzes auf sie übergeht, noch besteht und sie verweigert mit Recht die Entschädigung, wenn die Entschädigungsberechtigten, statt ihr die Geltendmachung dieser Forderung zu überlassen, von dem Dritten volle Entschädigung gefordert und erlangt haben[1]).

Auch die Begründung des Entwurfs spricht für diese Auffassung.

Die bezügliche Stelle lautet[2]):

Selbstverständlich hat die Forderung des Entschädigungsberechtigten gegen den Dritten insoweit auf die Genossenschaft überzugehen, als der Entschädigungsberechtigte auf Grund der §§ 5 und 6 von der Genossenschaft Leistungen empfängt."

Gleiche Bestimmungen trifft das Beamtenumfallgesetz.

Nur in der Beziehung weicht das Beamtenunfallgesetz von dem Unfallversicherungsgesetz ab, dass weiter-

---

1) Vergl. R. G. Bd. 24 S. 127 ff. u. A. N. des R. V. A. 1890 S. 507 (Z. 881).
2) 5. Leg. IV. Sess 1884 N. 4 S. 51.

gehende Ansprüche als auf die durch das Beamtenumfallgesetz gewährten Bezüge dem Verletzten und dessen Hinterbliebenen gegen das Reich und die Bundesstaaten nicht zustehen.

Im übrigen trifft § 10 Abs. 3 Beamtenunfallgesetzes gleiche Bestimmungen wie das Unfallgesetz hinsichtlich der Haftung Dritter.

§ 6.
4. Der Betriebsunfall im Sinne beider Gesetzgebungen.
A. *Reichshaftpflichtgesetz.*

a) Der Betriebsunternehmer von Eisenbahnen (§ 1 H. G.) haftet nur für den Schaden, der sich bei dem Betriebe der Eisenbahn ereignet hat.

Nach den Erklärungen des preussischen Bundesbevollmächtigten Falk (Stenographische Berichte 1871 Bd. I S. 450 ff.) hat hier das Wort „Eisenbahn" den engeren Sinn, dass darunter verstanden ist der Bahnkörper mit seinen Schienen, auf dem eben das eigentliche Eisenbahngewerbe betrieben wird; dass also von denjenigen Unfällen in § 1 die Rede ist, die entstehen bei der Vorbereitung, der Durchführung, dem Abschlusse dieses erwähnten Betriebes.

Immer aber muss der Unfall in ursächlichem Zusammenhange stehen mit den dem Eisenbahnbetriebe eigenthümlichen Gefahren[1]).

Sind diese Voraussetzungen für die Haftpflicht des Unternehmers gegeben, so haftet er, und nur wenn ihm

---

1) Rosin, Archiv f. öffentl. Recht Bd. III S. 321. Westerkamp in Endemanns Handbuch des d. Handels-, See- u. Wechselrechts. Leipzig 1885 S. 636 ff. Mandry S. 444 Note 16.
Vergl. Seuffert's Archiv XXX, 31.

der Beweis gelingt, dass der Unfall durch höhere Gewalt oder eigenes Verschulden des Verletzten herbeigeführt ist, wird er frei. Höhere Gewalt ist nach den Ausführungen des Bundesbevollmächtigten im Reichstage gleichbedeutend mit unabwendbarem äusserem Zufall, und ist ersterer Ausdruck nur gewählt, um eine Conformität mit anderen neuen Reichsgesetzen — Handelsgesetzbuch — herbeizuführen.

Unter höherer Gewalt hat „man im Unterschied von Zufall ein äusseres, durch elementare Naturkräfte, durch die schädigende Wirkung von Naturereignissen oder durch Menschenkräfte, die Handlungen dritter Personen, herbeigeführtes Ereigniss zu verstehen, welches den Unfall verursacht hat und dessen schädigende Wirkung nach der allgemeinen Verkehrsanschauung zu vermeiden unmöglich ist" [1]).

Der Verletzte hat lediglich die Thatsache der Beschädigung und den ursächlichen Zusammenhang mit dem Betriebe darzuthun, um seinen Ersatzanspruch zu begründen.

Etwas weiteres, etwa, auf welcher bestimmten mit dem Betriebe verbundenen Gefahr der einzelne Unfall zurückzuführen sei, hat er nicht zu beweisen, da dies die Eisenbahnverwaltungen von dem ihnen obliegenden Beweise der höheren Gewalt oder des eigenen Verschuldens des Verletzten befreien würde [2]).

Was man unter „eigenen Verschulden" zu verstehen hat, dafür geben weder die Motive noch die Reichstagsverhandlungen irgend welchen Anhalt.

---

1) R.G.E. v. 2/XII. 1879. Busch Annalen Bd. I S. 197; vergl. auch R.G.E. Bd. I S. 278.
2) R.O.H.G.E. Bd. 21 S. 9 ff.

Nach L. 31 D ad legem Aquiliam wird die culpa definirt: culpam autem esse, cum quod a diligente provideri potuerit, non esset provisum.

Ob ein derartiger Mangel der Sorgfalt vorliegt, ist lediglich Frage der konkreten Thatumstände.

Der häufigste Fall des eigenen Verschuldens wird wohl der sein, dass den Vorschriften des Bahnpolizeireglements oder den Anweisungen der Bahnbediensteten zuwider gehandelt worden ist.

Im Falle konkurrirenden Verschuldens soll der Einfluss desselben ohne Rücksicht auf das gemeine Recht und die Landesgesetze unter Beachtung des Zweckes und der einzelnen Bestimmungen des Reichshaftpflichtgesetzes nach der Natur der Sache und den allgemeinen Rechtsgrundsätzen beurtheilt werden [1]).

b) Der Betriebsunternehmer von Bergwerken, Steinbrüchen, Gräbereien oder Fabriken (§ 2 G.H.), d. h. derjenige auf dessen Rechnung und Gefahr der Betrieb stattfindet, so dass das ökonomische Ergebniss ihm Nachtheil oder Vortheil bringt, haftet ohne Rücksicht auf eigenes Verschulden und ohne Rücksicht auf culpa in eligendo für Verschulden der von Bevollmächtigten, Repräsentanten

---

1) So R.O.H.G.E. Bd. 20 S. 135, vergl. auch Bd. 16 S. 111 mit der Begründung, es seien die Folgen des konkurrirenden Verschuldens in dem gesammten Gebiete der Geltung des Reichshaftpflichtgesetzes nach einheitlichem Recht zu beurtheilen.

Nach Eger Das Reichshaftpflichtgesetz. 2. u. 3. Aufl. Breslau 1879 u. 1886 S. 161 verlangt das Gesetz nur den Nachweis, dass der Unfall überwiegend oder doch zum wesentlichen Theile durch das eigene Verschulden des Verletzten herbeigeführt, d. i. verursacht ist und unterscheidet nicht, ob neben diesem noch andere Momente von geringerem Einfluss mitgewirkt haben.

Vergl. Endemann Die Haftpflicht der Eisenbahnen etc. Berlin 1876 S. 30. Kah S. 54. Westerkamp S. 661.

und von zur Leitung oder Beaufsichtigung des Betriebes oder der Arbeiter angenommenen Personen in Ausführung der Dienstverrichtungen.

Eine culpa in eligendo des Unternehmers wird präsumirt. Seine Verbindlichkeit ist eine obligatio quasi ex delicto.

Zur Begründung der Klage aus § 2 (gegen die Unternehmer) genügt lediglich die Behauptung des Verschuldens einer der genannten Personen in Ausführung der Dienstverrichtungen. Es ist hierbei gleichgültig, ob das Verschulden in einem positiven Handeln oder in einem Unterlassen dieser Personen liegt, wenn nur die Handlung, die sie unterlassen haben, für sie eine gebotene war.

So erfordert die Pflicht eines Aufsehers, besonders wenn die ihm obliegende Aufsicht sich auf ein an sich gefährliches Geschäft bezieht, dessen Einschreiten gegen ein ungeeignetes Verhalten der Arbeiter, um diese vor Schaden zu bewahren [1]).

Im Gegensatz zu § 1 wird beim § 2 ein Zusammenhang des Unfalls mit der der betreffenden Unternehmung eigenthümlichen Gefährlichkeit nicht gefordert [2]).

B. *Der Betriebsunfall im Sinne der Unfallversicherung.*

Der Unfall muss nicht nur örtlich und zeitlich, sondern auch ursächlich mit dem Betriebe zusammenhängen.

Es genügt aber schon ein mittelbarer Zusammenhang [3]).

---

1) Seuff. Arch. XXIX S. 239. Vergl. Blätter f. Rechtspflege Bd. XXVIII S. 207 ff.

2) R.O.H.G. Bd. 21 S. 276.

3) Das Reichsgericht verlangt (E. Bd. 24 S. 124) einen — wenn auch nur mittelbaren — ursächlichen Zusammenhang zwischen der eingetretenen Verletzung und den Gefahren, welche der Betrieb mit sich bringt, während das Reichsversicherungsamt die Nothwendigkeit eines ursächlichen Zusammenhangs des Unfalls mit den besonderen Gefahren des Betriebs nicht für erforderlich erachtet und von einem

In dem Bericht der VII. Kommission des Reichstags wurde ausdrücklich hervorgehoben, daß man unter Unfall bei dem Betriebe nicht etwa einen Unfall während des Betriebes zu verstehen habe; es müsse vielmehr ein ursächlicher Zusammenhang zwischen dem Betriebe und dem eingetretenen Unfalle vorhanden sein.

Ebenso wie nach Reichshaftpflichtgesetz kommt nur derjenige Schaden in Betracht, der an Leib und Leben eingetreten ist, nicht auch Sachbeschädigung oder andere Nachtheile [1]).

Dieser Schaden muss die Folge eines zeitlich nachweisbaren Vorfalls sein.

Die aus dem Betriebe selbst uud dessen Einwirkungen sich allmählich entwickelnden Krankheiten sind nicht Betriebsunfälle, sondern die gewöhnlichen und vorauszusehenden Nachtheile eines an sich ungesunden Betriebes Berufskrankheiten [2]).

Während aber das Haftpflichtgesetz in § 2 den Unter-

„Banne des Betriebes" spricht, in dem der Verunglückte sich befunden haben müsse. Woedtke a. a. O. S. 85. A. N. d. R.V.A. 1886 S. 250 (Z. 210) und ferner 1885 S. 345 (Z. 72), 1886 S. 228 (Z. 202), 1888 S. 70 (Z. 456), 1890 S. 189 (Z. 816).

1) Woedtke a. a. O. S. 119.

2) Jurist. Wochenschrift 1888 S. 332; vgl. auch Rosin, Arch. f. Oe.R. Bd. III S. 291: Betriebsunfall, diejenige körperschädigende und von dem Betroffenen nicht beabsichtigte Einwirkung eines äusseren Thatbestandes auf einen Menschen, welche durch die besondere d. h. über die Unfallgefahr des Lebens hinausgehende Gefährlichkeit eines Betriebs veursacht ist. Vgl. auch Rekursentscheidung des R.V.A. A. N. 1886 S. 251 (Z. 213), wo der erforderliche Zusammenhang zwischen der Beschäftigung in dem Betriebe und dem Tod des Arbeiters dann für vorhanden erachtet wird, wenn der Tod in Folge eines plötzlich wirkenden Eindringens von Krankheitsstoffen in den Körper eingetreten ist. Vgl. ferner A. N. 1886 S. 252 (Ziffern 214, 215 u. 217), S. 274 (Z. 230).

nehmer nur für die Betriebsunfälle aufkommen lässt, welche durch Verschulden der daselbst bezeichneten Personen in Ausführung ihrer Dienstverrichtungen herbeigeführt worden sind, und § 1 dann die Haftung der Unternehmer ausschliesst, wenn diese den Nachweis höherer Gewalt oder eigenen Verschuldens des Verletzten erbringen, erstreckt die Unfallfürsorge sich auf alle Unfälle, die sich beim Betriebe ereignen[1]) und nur der Nachweis vorsätzlicher Herbeiführung des Unfalls durch den Verletzten oder Getödteten schliesst die Geltendmachung der Ansprüche durch denselben oder durch seine Hinterbliebenen aus.

Das Beamtenunfallgesetz dagegen versagt seine Fürsorge nicht nur in diesem Fall, wenn der Verletzte den Unfall vorsätzlich herbeigeführt hat, sondern auch dann, wsnn derselbe den Unfall durch ein Verschulden verursacht hat, wegen dessen auf Dienstentlassung oder auf Verlust des Titels und Pensionanspruchs gegen ihn erkannt oder wegen dessen ihm die Fähigkeit zur Beschäftigung in einem öffentlichen Dienstzweige aberkannt worden ist.

---

1) Dies trifft auch diejenigen Unfälle, die eine versicherte Person in einem anderen Betriebe, als in dem sie beschäftigt ist, dann erleidet, wenn sie den anderen Betrieb im Dienste ihres Betriebes, in dem sie beschäftigt und versichert ist, betreten hat. Vgl. auch Woedtke S. 88 und A. N. des R.V.A. 1887 S. 29 (Z. 281), S. 132 (Z. 317), S. 134 (Z. 324).

Dritter Abschnitt.

§ 7.
Anwendung des Haftpflichtgesetzes neben der Unfallfürsorge.

Insoweit die Unfallfürsorge Platz greift, gehen die Ansprüche aus dem Reichshaftpflichtgesetz unter [1]). Dies ist die Regel.

Ausnahmen bestimmen die §§ 95—97 des Unfallgesetzes und §§ 8—12 des Beamtenunfallgesetzes.

Nach § 95 Unf.-G. haften nur diejenigen Betriebsunternehmer, Bevollmächtigten, Repräsentanten, Betriebs- und Arbeitsaufseher für den durch Betriebsunfall entstandenen Schaden, wenn gegen sie durch strafgerichtliches Urtheil festgestellt ist, dass sie den Unfall vorsätzlich herbeigeführt haben [2]).

Berechtigt sind die fürsorgeberechtigten Personen — der Verletzte und die im Sinne des Unfallgesetzes entschädigungsberechtigten Hinterbliebenen — hinsichtlich

---

1) Vgl. R.G.E. vom 10. Juni 1890, mitgetheilt in den A. N. des R.V.A. 1891 S. 193.

2) A. N. des R.V.A. 1887 S. 352 (Z. 416), wonach die durch strafgerichtliches Urtheil festgestellte Verschuldung nicht etwa bloss als begleitender Umstand, sondern als die Ursache des Unfalls erwiesen sein und eine durch Verletzung besonderer Amts-, Berufs- oder Gewerbepflichten qualifizirte Fahrlässigkeit vorliegen muss, welche, ohne dass es eines Strafantrages bedurfte, als Vergehen nach §§ 222, 230, 232 des Strafgesetzbuches verfolgt worden ist.

des Betrags, um welchen die nach den bestehenden gesetzlichen Vorschriften — Reichshaftpflichtgesetz etc. — ihnen zustehende Entschädigung diejenige übersteigt, auf welche sie nach dem Unfallgesetz Anspruch haben.

In analoger Weise haften nach § 8 des Beamtenunfallgesetzes die Betriebsleiter, Bevollmächtigten und Repräsentanten, Betriebs- und Arbeiteraufseher, dagegen ist jedwede Haftung der Betriebsverwaltung ausgeschlossen. Die Haftpflicht der nach § 95 verpflichteten Personen ist eine weitere gegenüber den Genossenschaften und Krankenkassen. Sie haften denselben für alle Aufwendungen, welche auf Grund des Unfallgesetzes oder Krankenversicherungsgesetzes gemacht worden sind, nicht allein für den Fall, dass durch strafgerichtliches Urtheil festgestellt worden ist, dass sie den Unfall vorsätzlich herbeigeführt haben, sondern schon dann, wenn derart festgestellt ist, dass sie den Unfall durch Fahrlässigkeit, mit Ausserachtlassung derjenigen Sorgfalt, zu der sie vermöge ihres Amtes, Berufes oder Gewerbes besonders verpflichtet sind, herbeigeführt haben.

Im Gegensatz zum Haftpflichtgesetz haftet hier nicht mehr der Betriebsunternehmer für seine Angestellten, sondern nur für eigenen Vorsatz bezw. eigenes qualifizirtes, Verschulden.

Insofern ist aber eine Ausnahme gemacht worden, als den Genossenschaften und Krankenkassen für die von diesen gemachten Aufwendungen als Betriebsunternehmer eine Aktiengesellschaft, eine Innung oder eingetragene Genossenschaft für die durch ein Mitglied ihres Vorstands, sowie eine Handelsgesellschaft, eine Innung oder eingetragene Genossenschaft für die durch einen der Liquidatoren herbeigeführten Unfälle haftet. Vorausgesetzt wird aber auch hier, dass gegen das Mitglied des Vorstandes bezw. den Liquidator durch strafgerichtliches Urtheil — wenn nicht § 97 Unf.-G. in Frage kommt — festgestellt ist, dass sie den Unfall vorsätzlich oder durch qualificirtes Verschulden herbeigeführt haben.

Diese Bestimmung hat neben der Vorschrift, dass auch die Bevollmächtigten, Repräsentanten, etc., zu denen jene Vorstandsmitglieder und Liquidatoren gleichfalls gehören, persönlich haftbar sind, noch die besondere Bedeutung, dass die Genossenschaften oder Krankenkassen sich wegen der durch die genannten Vorstandsmitglieder etc. herbeigeführten Unfälle direkt an die Aktiengesellschaften etc. halten können und nicht mehr die Vorstandsmitglieder und Liquidatoren persönlich zu belangen brauchen [1]).

Von Wichtigkeit ist hier die Frage, welche Bedeutung dem strafgerichtlichen Urtheil beigemessen werden muss.

Ist es lediglich Voraussetzung des Civilrechtstreits, ohne für denselben inhaltlich massgebend zu sein, oder entscheidet es mit bindender Kraft hinsichtlich des Grundes des Anspruchs und überlässt nur die Festsetzung des Betrags des Schadens dem Civilrichter?

Lass, Haftpflichtgesetz und Reichsversicherungsgesetzgebung Marburg 1890 S. 69, behauptet auf Grund § 14 Nr. 1 des Einführungsgesetzes zur Civilprozessordnung, nach welchem die Vorschriften über die bindende Kraft des strafgerichtlichen Urtheils für den Civilrichter ausser Kraft treten, dass der Civilrichter die Sache von neuem prüfen, von neuem Beweis erheben könne.

Es sei selbstverständlich, dass die wiederholte Prüfung ein von dem Inhalt des Strafurtheils abweichendes Ergebniss haben könne. Die Ersatzverbindlichkeit des § 95 habe ihren Grund nicht in dem Strafrecht, sondern in dem Civilrecht.

---

1) Begründung des III. Entwurfs zum Unf.-G. ad § 93 (96).

Ein Anspruch auf Schadensersatz solle — auch wenn ein Strafurtheil im Sinne des § 95 vorliege — nur dann gewährt werden, wenn die bestehenden gesetzlichen Vorschriften einen solchen zuliessen (arg. § 95 Absatz 2). Der Richter habe daher weiter zu prüfen, ob ein zum Schadensersatz verpflichtendes Verschulden im Sinne des Civilrechts vorliege — es genüge hier sogenannte Aquilische culpa.

Dieser Ansicht durfte nicht beizutreten sein.

M. E. ist der Civilrichter allerdings an das Strafurtheil gebunden; dasselbe ist nicht lediglich Voraussetzung, dass nunmehr ein Civilrechtsstreit über die Schadensersatzverbindlichkeit angestrengt werden könne.

Die Verpflichtung der verurtheilten Betriebsunternehmer, Repräsentanten etc. beginnt abgesehen von dem Ausnahmefall des § 97 mit der Rechtskraft des strafrichterlichen Urtheils.

Sache des Civilrichters ist es, bei Streit die Höhe dieser Verbindlichkeit festzusetzen, nicht aber unterliegt die Enscheidung über den Grund seiner Jurisdiktion. § 14 Abs. 1 Einführungsgesetzes zur Civilprozessordnung hat hierfür keine Bedeutung, da der Grund der Verpflichtung nicht die Handlung ist, welche das strafrichterliche Urtheil zur Folge hatte, sondern das strafrichterliche Urtheil selbst[1]).

Lass a. a. O. stützt die Behauptung, ein Anspruch auf Schadensersatz solle, auch wenn ein Strafurtheil im Sinne des § 95 vorliege, nur dann gewährt werden, wenn die bestehenden gesetzlichen Vorschriften einen solchen zulassen auf § 95 Absatz 2.

In Absatz 2 § 95 ist aber gar nicht vom Grund des spruchs die Rede, sondern lediglich in Absatz 1.

---

1) Vgl. Jurist. Wochenschrift 1885 S. 74.

Der Einwand aus § 14 Nr. 1 Einführungsgesetzes zur Civilprozessordnung ist m. E. durch die obigen Bemerkungen entkräftet.

Im übrigen hätte doch auch der Satz zu gelten: jus posterius derogat priori [1]).

Die Begründung des Unfallgesetzes [2]) lässt die hier vertretene Ansicht als zweifellos erscheinen. Die bezügliche Stelle der Begründung lautet: „Liegt ein solches strafgerichtliches Urtheil vor, so ist damit ein erkennbares Kriterium für die Regresspflicht des Betriebsunternehmers gegeben. Nach den Bestimmungen des Entwurfs dagegen werden die Civilprozesse über die Regresspflicht als solche abgeschnitten, indem die Entscheidung der Regressfrage, vorbehaltlich eines nachfolgenden Civilprozesses über die Höhe des Schadens durch die Feststellung des Strafgerichts unmittelbar getroffen wird [3]).

Das Haftpflichtgesetz kann deshalb hier nur noch insoweit in Frage kommen, als es Bestimmungen über die Höhe und Art des zu leistenden Schadensersatzes enthält, vorbehaltlich der Bestimmungen des § 9 l. c., wonach die landesgesetzlichen Normen, welche dem Beschädigten einen höheren Ersatzanspruch zuweisen, Anwendung finden.

Nach § 97 Unf.-G. können die in den §§ 95 und 96 bezeichneten Ansprüche, auch ohne dass die daselbst vorge-

---

1) L. 80 D. d. r. j. 50 [17].
2) Begründung zum III. Entwurf ad § 96 Unf.-G.
3) von Woedtke a. a. O. S. 362: Die Regresspflicht im Prinzip, d. h. die Frage, ob dolus oder vertretbares Versehen vorliegt, muss durch den Strafrichter festgestellt werden, falls nicht die strafrechtliche Verfolgung aus Gründen, die in der Person des Haftpflichtigen liegen, unmöglich ist (§ 97); der Civilanspruch betrifft nur noch die Höhe des Regresses.

sehene Festsetzung durch strafgerichtliches Urtheil stattgefunden hat, geltend gemacht werden, falls diese Feststellung wegen des Todes oder der Abwesenheit des Betreffenden oder eines anderen in der Person desselben liegenden Grunde nicht erfolgen kann.

Auch in diesem Falle dürfte nicht civilrechtlich über die Frage des Verschuldens entschieden werden.

Vielmehr hat der Richter zu entscheiden, ob ein derartiges strafrechtliches Verschulden vorliegt, welches die Verurtheilung der Betriebsunternehmer etc. herbeizuführen geeignet wäre, wenn nicht die Verurtheilung des Thäters aus Gründen, welche in seiner Person liegen, unmöglich wäre.

Welche die Verurtheilung ausschliessende Gründe sind hierher zu rechnen?

Nach Lass a. a. O. S. 67 sind solche Gründe, welche in der Person des Thäters liegen, z. B. strafrechtliche Unzurechnungsfähigkeit, Strafunmündigkeit, absolute (§ 55) und individuelle (§ 56 Reichsstrafgesetzbuch), Taubstummheit des Thäters[1]), Mangel der zur Erkenntniss der Strafbarkeit erforderlichen Einsicht.

Die in den Fällen der §§ 56 und 58 Reichsstrafgesetzbuchs erfolgende Freisprechung stehe der Anwendbarkeit des § 97 nicht entgegen, weil die Voraussetzung des § 97, dass die Verurtheilung wegen eines in der Person des Thäters liegenden Umstandes nicht erfolgen könne, stets dann vorliege, wenn die Freisprechung lediglich wegen der mangelnden Einsicht des Thäters ausgesprochen worden ist.

---

1) Wohl nicht ganz korrekt. Lass meint zweifellos Mangel der zur Erkenntniss der Strafbarkeit seiner Handlung erforderlichen Einsicht eines Taubstummen.

Nach der oben entwickelten Ansicht nach der strafrechtlichen dolus verlangt wird, gehören die von Lass angeführten Gründe sämmtlich nicht hierher.

Welche anderen Gründe, welche in der Person des Thäters liegen, hat aber der Gesetzgeber gemeint? Zunächst gehören hierher alle die Fälle, in denen ein Urtheil nicht erlassen werden kann, da eine ordnungsmässig verlaufene und abgeschlossene Hauptverhandlung, welche doch Voraussetzung desselben ist, wegen eines in der Person des Angeklagten liegenden Grundes nicht erfolgen kann. Dies ist dann der Fall, wenn der Thäter nach der That in Geisteskrankheit verfallen ist [1]); ferner wenn eine Verständigung mit dem taubstummen Angeklagten durch den in der Hauptverhandlung zugezogenen Dolmetscher unmöglich ist [2]) und endlich, wenn der Angeklagte von einer derartigen Krankheit befallen ist, dass sein Erscheinen an Gerichtsstelle nicht erfolgen kann [3]).

Es gehört hierher aber auch die Begnadigung vor erfolgtem rechtskräftigem Strafurtheil, sowohl auf dem Wege der Abolition als dem der Amnestie.

Denn das Begnadigungsrecht kann sich nicht auf Privatrechte (Recht auf Schadensersatz etc.), welche durch das Verbrechen erworben wurden, erstrecken [4]).

Was die Verjährung der Strafverfolgung anlangt, so könnte es zweifelhaft erscheinen, ob sie überhaupt in Frage kommen kann, da die Haftpflichtansprüche in zwei Jahren vom Tage des Unfalls bezw. des Todes an verjähren, die Verjährung der Strafverfolgung sich aber frühestens in

---

1) Geisteskrankheit zur Zeit der That schliesst den strafrechtlichen delus aus; vgl. St.P.O. § 203.
2) R.G.E. in Strafs. Bd. 8 S. 26; R.G.E. Bd. 1 149.
3) vgl. §§ 231. 232 Str.P.O.
4) Waechter, Strafrecht, Leipzig 1881. S. 320.

fünf Jahren vollendet (§§ 67, 230 Strafges.-B.). Da die Ansprüche der Hinterbliebenen vom Todestage an verjähren, der früher oder später, also eine beliebig lange Zeit nach dem Unfalle eintreten kann, so kann die Verjährung der Strafverfolgung hierbei doch leicht in Frage kommen.

Gleiches gilt hinsichtlich anderer Haftpflichtansprüche, wenn die Verjährung dieser Ansprüche z. B. infolge feindlichen Einfalls ruht, während die Verjährung der Strafverfolgung hierdurch nicht berührt wird[1]).

Erwägt man, dass die Verjährung der Strafverfolgung sich fast regelmässig aus Gründen, welche in der Person des Thäters liegen, wie Abwesenheit, Flucht etc. des Thäters, vollendet, in welchen Fällen der Klagweg auf Grund des § 97 offensteht, berücksichtigt man ferner die Tendenz des Gesetzgebers, der alle gehässigen Streitigkeiten zwischen Arbeitern und Arbeitgebern beseitigen wollte und nur deshalb die Geltendmachung der die Unfallentschädigung übersteigenden Haftpflichtansprüche von dem Vorhandensein eines strafrichterlichen Urtheils abhängig macht und zieht man endlich in Betracht, dass ein Strafverfahren wegen der That nach vollendeter Verjährung nicht wegen eines in der Person des Thäters liegenden Grundes, sondern aus

---

1) Lass a. a. O. S. 65 führt als Grund des Ruhens der Verjährung der Haftpflichtansprüche beispielsweise an, wenn der Thäter flüchtig ist und deshalb innerhalb der Verjährungszeit der Haftpflichtansprüche ein strafgerichtliches Urtheil nicht erwirkt werden konnte. Dieser Ansicht dürfte kaum beizupflichten sein, da in dem von Lass angeführten Fall § 97 Unf.-G. zur Anwendung zu kommen hat. In der Begründung des III. Entwurfs wird ausdrücklich die Flucht als einer der Gründe, welche in der Person des Thäters liegen, und welche ein vorgängiges strafrichterliches Urtheil nicht erfordern, genannt. Der Geltendmachung des Anspruchs auf dem Wege der Klage steht deshalb kein Hinderniss entgegen und es dürfte deshalb hier der Grundsatz agere von valenti non currit praescriplio kaum anzuwenden sein.

dem allgemeinen Grunde, dass der Strafanspruch des Staates in Wegfall gekommen ist, unmöglich geworden ist, so wird man die Verjährung der Strafverfolgung kaum zulassen dürfen.

Mit der Feststellung der Regresspflicht durch den Strafrichter ist noch die Besonderheit verknüpft, dass es in der Hand der Staatsanwaltschaft, einer nicht richterlichen Behörde, liegt, die Verurtheilung des Thäters herbeizuführen oder nicht.

Allerdings kann der Antragsteller, wenn er zugleich der Verletzte ist, nach § 170 Strafprozessordnung gegen den die Strafverfolgung ablehnenden Bescheid der Staatsanwaltschaft binnen zwei Wochen nach der Bekanntmachung den Antrag auf gerichtliche Entscheidung stellen. Macht freilich der Verletzte im Fall des § 96 von diesem Rechte keinen Gebrauch, dann hat die Staatsanwaltschaft die Entscheidung über die Haftbarkeit des Unternehmers, Repräsentanten etc. den Genossenschaften und Krankenkassen gegenüber in der Hand.

Denn Letztere sind nicht Verletzte im Sinne der Strafprocessordnung, haben also auch nicht die Rechte derselben, da sie durch die Handlung, welche die Strafthat bildet, nicht unmittelbar gekränkt werden.

Nach R.G.E. in Strafsachen Bd. I S. 371 können Nachtheile, welche nicht durch die Strafthat an sich, sondern erst in weiterer Folge sich aus derselben ergeben, die Eigenschaft des Verletzten nicht begründen.

§ 8.
Resultate.

Nach den Ergebnissen unserer Untersuchung bleibt das Reichshaftpflichtgesetz anwendbar in folgender Weise:

I. Es ist anzuwenden auf Betriebsunfälle aller Personen, welche zu dem Unternehmer — Arbeitgeber —, in dessen Betrieb sich der Unfall ereignet hat, nicht in dem Verhältniss eines Arbeiters bezw. geringbesoldeten[1]) Betriebsbeamten stehen und soweit sich diese Unfälle nicht als im Dienste erlittene Betriebsunfälle von Beamten der Reichscivilverwaltung, des Reichsheeres und der Kaiserlichen Marine und von Personen des Soldatenstandes, welche in reichsgesetzlich der Unfallversicherung unterliegenden Betrieben beschäftigt sind, oder von solchen Staats- und Communalbeamten, für welche durch die Landesgesetzgebung oder durch statutarische Festsetzung gegen die Folgen eines im Dienste erlittenen Betriebsunfalls eine den Vorschriften des Beamtenunfallgesetzes mindestens gleichkommende Fürsorge getroffen ist, darstellen.

Es gehören hierher z. B. Betriebsunfälle der Passagiere eines Eisenbahnzugs, des auf dem Perron befindlichen Publikums und andere; aber auch die Unfälle versicherter Personen, wenn sie den Unfall in einem anderen Betriebe, als in dem sie versichert sind, erleiden[2]).

II. Auf Betriebsunfälle in allen dem Haftpflichtgesetz unterworfenen Betrieben, welche von der Versicherungspflicht durch Bundesrathsbeschluss eximirt worden sind (Absatz 7 § 1 Unfallgesetz).

III. Auf Betriebsunfälle in allen dem Haftpflichtgesetz unterworfenen Betrieben, deren Versicherungspflicht durch endgültige Entscheidung des Reichsversicherungsamts ausgeschlossen worden ist (vgl. oben § 5 B.).

---

1) deren Jahresarbeitsverdienst an Lohn oder Gehalt 2000 Mk. nicht übersteigt oder bei höherem Jahresarbeitsverdienst, auf welche durch Statut der Berufsgenossenschaft die Versicherungspflicht erstreckt worden ist.

2) Vgl. R.G.E. Bd. 21 S. 54; A.N. des R.V.A. 1885 S. 366 (Z. 88).

IV. Auf Betriebsunfälle der nach Maassgabe des Unfallversicherungsgesetzes versicherten Arbeiter und Betriebsbeamten, wenn durch strafgerichtliches Urtheil festgestellt worden ist, dass der Betriebsunternehmer den Unfall vorsätzlich herbeigeführt hat (§ 95 Abs. 1 u. 2 Unfallgesetzes)[1]).

V. Auf Ansprüche aller Personen, welchen der Getödtete in Gemässheit des § 3 al. 1 des Haftpflichtgesetzes zur Zeit seines Todes vermöge Gesetzes verpflichtet war, Unterhalt zu gewähren[2]), sofern sie nicht zu denjenigen Hinterbliebenen gehören, welche nach dem Unfallversicherungsgesetz bezw. Beamtenunfallgesetz zu entschädigen sind.

Da nach diesen Gesetzen nur diejenigen Ascendenten einen Anspruch auf Unfallfürsorge haben, deren einziger Ernährer der Getödtete gewesen ist, während nach § 3 al. 1 des Haftpflichtgesetzes (vgl. oben § 4) es nicht darauf ankömmt, dass die Unterhaltspflicht bereits zur Zeit des Todes praktisch in Wirksamkeit getreten war, so behalten alle Ascendenten ihre Haftpflichtansprüche, bei denen das Erforderniss der genannten Unfallgesetze, dass der Getödtete der einzige Ernährer der Ascendenten war, nicht zutrifft und welche deshalb nicht nach diesen Gesetzen zu entschädigen sind[3]).

Hierher hat man ferner zu zählen weitere Deszendenten (vgl. oben § 4) die Hinterbliebenen eines Auslän-

---

1) Nach B.U.G. ist jedwede Haftung der Betriebsverwaltung ausgeschlossen.

2) vgl. von Bar, Internat. Privatr. 2. Aufl. S. 555. Die aus der Verwandtschaft entspringende Alimentationspflicht ist nach dem Personalstatut der in Anspruch genommenen Person zu beurtheilen, vgl. auch R.G.E. Bd. 17 S. 224, doch ist die Verwandtschaft nicht der einzige Grund der gesetzlichen Unterhaltungspflicht.

3) Landmann a. a. O. ad § 9 B.U.G. Note 2 S. 323.

ders (§ 4) die Wittwe, wenn die Ehe nach dem Unfalle geschlossen worden ist und andere mehr.

VI. Da die in Frage stehenden Gesetze keine rückwirkende Kraft haben, auf alle Betriebsunfälle, welche vor dem Inkrafttreten des Unfallversicherungsgesetzes — 1. October 1885 — in haftpflichtigen Betrieben sich ereignet haben, und nach dem 1. October 1885 auf alle Betriebsunfälle, welche von diesem Zeitpunkte ab bis zur Inkraftsetzung des Beamtenunfallgesetzes, 20. März 1886, die in haftpflichtigen und deshalb in der Regel auch unfallversicherungspflichtigen Betrieben beschäftigten Personen des Soldatenstandes und die mit festem Gehalt und Pensionsberechtigung in Betriebsverwaltungen des Reichs, eines Bundesstaats oder eines Kommunalverbandes angestellten Beamten erleiden.